BEIHEFT ZUR ÖKUMENISCHEN RUNDSCHAU
Nr. 26

DAS BILD VOM MENSCHEN IN ORTHODOXIE UND PROTESTANTISMUS

Drittes Theologisches Gespräch zwischen dem
Ökumenischen Patriarchat
und der Evangelischen Kirche in Deutschland
vom 2. bis 5. Oktober 1973 in Chambésy/Schweiz

Herausgegeben vom Kirchlichen Außenamt

Mit einem Vorwort von
D. Adolf Wischmann

1974
EVANG. MISSIONSVERLAG GMBH
7015 KORNTAL bei STUTTGART

1974. ISBN 3 7714 0185 2
© Evang. Missionsverlag 7015 Korntal
Herstellung: Buch- und Offsetdruckerei Hermann Rathmann, Marburg an der Lahn

INHALTSVERZEICHNIS

VORWORT

Als 1969 theologische Gespräche zwischen der Evangelischen Kirche in Deutschland und dem Patriarchat Konstantinopel begannen, da konnte dies als eine Wiederaufnahme der Kontakte verstanden werden, die im 16. Jh. die Tübinger Theologen Martin Crusius und Jakob Andreae gehabt hatten. Was im 16. Jh. als reines Lehrgespräch gescheitert war, das sollte nach dem Willen von Patriarch Athenagoras I. nun als „Dialog des Glaubens und der Liebe" zu besserem Erfolg führen. „Lasset uns einander lieben, daß wir in Einmütigkeit bekennen . . .", heißt es im orthodoxen Gottesdienst vor dem Gesang des Glaubensbekenntnisses. Dieser Gedanke, daß Liebe und Glaube eine untrennbare Einheit bilden und gemeinsames Bekenntnis nur in brüderlicher Liebe möglich ist, sollte von da an beherrschend werden für die Beziehungen zwischen der Evangelischen Kirche in Deutschland und dem Ökumenischen Patriarchat.

Schon durch seine Bezeichnung als „Dialog des Glaubens und der Liebe" hatte das Gespräch zwischen der Evangelischen Kirche in Deutschland und dem Ökumenischen Patriarchat den ganz persönlichen Stempel des unvergeßlichen Patriarchen Athenagoras I. empfangen. Während eines Besuches, den ich im Januar 1973 dem Nachfolger des im Sommer 1972 Verstorbenen[1] abstatten konnte, gelang es dem Nachfolger von Patriarch Athenagoras, Patriarch Dimitrios I., noch einmal einen neuen Akzent zu setzen, als er den Dialog zwischen beiden Kirchen als einen „Dialog der Liebe und der Einheit" bezeichnete und damit Weg und Ziel dieses Dialogs umriß[2]. Seine Formulierung zeigt aber auch, welchen bedeutenden Schritt beide Kirchen in ihrer bisherigen Begegnung bereits zurückgelegt haben.

Nachdem das erste Gespräch[3] eine mehr allgemeine Einführung vermittelt hatte, war in dem zweiten Gespräch 1971 mit dem Thema „Christus — das Heil der Welt" bewußt eine der großen Fragen der Ökumene in die Mitte einer bilateralen Begegnung gestellt worden[4]. Im nunmehr dritten Gespräch wurde erstmals ein kontroverses Thema behandelt. Gerade die Wahl des anthropologischen Themas erscheint uns aus verschiedenen Gründen als besonders glücklich. Ihrem Wesen nach ist die anthropologische Frage ja eine Kernfrage des christlichen Glaubens. Das gilt für die orthodoxe Theologie auch, insbeson-

---

[1] Vgl. ÖR 4/1972, S. 570 ff.

[2] Vgl. ÖR 2/1973, S. 267—269

[3] Dialog des Glaubens und der Liebe. Theologisches Gespräch zwischen dem Ökumenischen Patriarchat von Konstantinopel und der EKD 1969 = Beiheft zur Ökumenischen Rundschau 11.

[4] Christus — das Heil der Welt. Zweites Theologisches Gespräch zwischen dem Patriarchat Konstantinopel und der EKD = Beiheft zur Ökumenischen Rundschau 22.

dere aber für die reformatorische, hatte doch Luther in der Auseinandersetzung mit Erasmus hier die alles entscheidende Frage gesehen. Hier, nicht in der Amtsfrage, liegen die eigentlichen Impulse reformatorischer Theologie, hier kann darum auch wie kaum anderswo deutlich werden, daß reformatorische Theologie eine *Position* vertritt und nicht nur in negativer antiklerikaler Reaktion besteht. Darum konnte sich gerade in diesem Gespräch mit den orthodoxen Theologen evangelische Theologie in ihrer Eigenart etwa auch durch den stärkeren Rückbezug auf das Alte Testament in einer Weise artikulieren, die auch die orthodoxen Gesprächspartner beeindruckte.

Auf der anderen Seite sind die gleichen Väter, auf die sich die Orthodoxen vornehmlich berufen, Väter ja auch der reformatorischen Kirchen[5]. Daß sich Theologie immer auch an ihrem Zeugnis bewähren muß, kann aber nirgendwo deutlicher gelernt werden als bei der Orthodoxen Kirche mit ihrer unvergleichlich tiefen Verwurzelung in dieser Tradition.

Gehört die „Anthropologie" auch zu den zwischen beiden Kirchen kontroversen Themen, so ist das Gespräch hier aber dennoch nicht so unglücklich vorbelastet wie in anderen Fragen, in denen eine unterschiedliche Praxis jeder theoretischen Einigung sogleich etwas von ihrem Gewicht wieder nimmt. Zwar ist gerade das anthropologische Thema ausgesprochen praxisnah. Doch wird man scharfe Trennungslinien zwischen den unterschiedlichen Praktiken in den einzelnen Kirchen hier schwer ziehen können. Gerade was die mit diesem Thema verbundene pastorale Praxis betrifft, sehen sich hier alle Kirchen vor die gleichen Probleme und die gleichen Aufgaben gestellt. Ungeachtet der traditionellen Kontroverse bedeutet das von vornherein ein Maß an Gemeinsamkeit, das auch hier und da auftretende Gegensätze leichter ertragen läßt.

Auch da, wo anscheinend theologische Theorie verhandelt wurde, stand die Frage nach dem Menschen von heute überall im Hintergrund. Es mag indessen der Korrektur eines im Westen weitverbreiteten Vorurteils dienen, daß diese Frage im Laufe der Diskussion mit ganz besonderer Schärfe von einem der orthodoxen Gesprächspartner gestellt wurde. Hier wurde klar ersichtlich, daß es in der Theologie nicht um abstraktes Denken geht, das keinen Bezug zur Wirklichkeit hätte, sondern um praktische Wirklichkeit. Daß diese praktische Wirklichkeit aber der ständigen theologischen Reflexion bedarf, ist die einhellige Auffassung derer, die diesen Dialog begannen und führten.

Ein Wort des Dankes gebührt dem Leiter des Orthodoxen Zentrums und Sekretär der Panorthodoxen Konferenz Seiner Eminenz Metropolit Damaskinos für seine fürsorgliche Aufnahme im Orthodoxen Zentrum in Chambésy.

D. Adolf Wischmann

---

[5] Vgl. den Katalog der Väterzeugnisse im Konkordienbuch der Evang.-luth. Kirche.

Der Mensch nach der Offenbarung des Alten Testaments
Eine Auslegung des 8. Psalms

LOTHAR PERLITT

I.

Die Hauptschriften des Alten Testaments beinhalten keine ausdrückliche Lehre vom Wesen „des" Menschen, sondern bezeugen Jahwes Handeln an und Reden zu Israel. Vom „Menschen nach der Offenbarung des Alten Testaments" kann man darum nicht sprechen, ohne von dem *Gott* zu sprechen, der sich Israel offenbarte. Was der Mensch im Alten Testament ist, ist er zuerst als der von Jahwe angeredete *Israelit*. Alles, was im Folgenden zum Thema gesagt wird, untersteht dieser Grundeinsicht. Aus ihr folgen aber auch die Gesichtspunkte, die zur Bestimmung der Aufgabe und zur gebotenen Begrenzung verhelfen.

1. Das Alte Testament trägt uns die geschichtlichen und religiösen Erfahrungen eines Jahrtausends zu. Niemand wird also eine völlige Gleichartigkeit oder Gleichförmigkeit der theologischen und anthropologischen Aussagen auch nur erwarten. In einem kurzen Referat kann der Exeget keine Entwicklungsgeschichte dieser Aussagen nachzeichnen — abgesehen von der Frage, ob eine solche überhaupt darstellbar wäre.

2. Das Alte Testament trägt uns die Erfahrungen von Menschen in höchst verschiedenem Lebenskontext zu. Bauern und Hirten, Könige und Sklaven, Priester und Propheten, Schuldige und Leidende sind vom Gott Israels auf verschiedene Weise angeredet worden und haben sich selber auf verschiedene Weise verantwortet und verstanden. Der Exeget kann die Fülle dieser Erfahrungen und Erscheinungen nicht systematisieren.

3. Das Alte Testament trägt uns in seinen zentralen Texten die Gottes- und Selbsterfahrungen des in das „Gottesvolk" eingebundenen Menschen zu. Wo im Alten Testament nach „dem" Menschen als Gattungswesen gefragt wird, da steht doch die experientia israelitica immer im Erfahrungs- und Wissenshintergrund. Der Exeget kann also seinerseits nicht geschichtslos nach „dem" Menschen im Alten Testament fragen, sondern muß diesen israelitischen Erfahrungskontext immer mitdenken. Darum ist im Alten Testament nicht die uralte Frage des Menschen nach sich selber zu lernen, wohl aber eine bestimmte Weise des Umgangs mit ihr.

4. Das Alte Testament trägt uns die Erfahrungen von kultisch oder gottesdienstlich gebundenen und geprägten Menschen zu. Zwar gab es auch im antiken Israel (z. B. in den Weisheitsschulen) ein unkultisches Fragen nach dem Menschen und seiner Welt, aber die zentralen religiösen Zeugnisse verstehen den Menschen in dieser gottesdienstlichen Gebundenheit, so daß man sagen darf: Israel hat die (ewige und allgemeine) Frage nach dem Menschen in seinen Gottesdienst eingebracht. Darum ist es dem Exegeten erlaubt, das gestellte Thema anhand eines Textes zu entfalten, der sowohl expressis verbis die Frage nach dem Menschen enthält als auch diese Gebundenheit erkennen läßt.

5. Die Konzentration auf einen kurzen, übersehbaren Text, die freilich gewisse Seitenblicke nicht ausschließt, entspricht der Tradition der protestantischen Bibelwissenschaft: Die exegetische Bindung an einen einzelnen Text verhindert am ehesten das Eintragen fremder Fragestellungen, so naheliegend und bewegend diese gerade heute sein mögen. Die Auslegung eines begrenzten Textes ist zudem einer mehr lexikalischen Materialsammlung, wie sie traditionell für dogmatische Zwecke dient, vorzuziehen.

Die Konzentration des Themas auf eine Auslegung des 8. Psalms erfolgt aufgrund aller dieser Vorüberlegungen.

II.

2a Jahwe, unser Herr,
   wie herrlich ist dein Name auf der ganzen Erde!
2b Besingen will ich deinen Glanz am Himmel!
3 Aus dem Munde von Kindern und Säuglingen (sogar)
   hast du eine Macht begründet —
   deinen Gegnern „zum Schaden",
   um ein Ende zu bereiten dem Feind und dem Rachgierigen.
4 Wenn ich den Himmel sehe, das Werk deiner Finger,
   den Mond und die Sterne, die du befestigt hast:
5 Was ist der Mensch, daß du seiner gedenkst,
   das Menschenkind, daß du dich seiner annimmst?
6 Du machtest ihn wenig niedriger als (einen) Gott,
   mit Ehre und Hoheit kröntest du ihn.
7 Zum Herrscher über das Werk deiner Hände bestimmtest du ihn,
   alles legtest du ihm zu Füßen:
8 Schafe und Rinder, sie alle, aber auch die wilden Tiere,
9 die Vögel des Himmels und die Fische des Meeres,
   alles, was die Bahnen der Meere durchzieht.
10 Jahwe, unser Herr,
   wie herrlich ist dein Name auf der ganzen Erde!

Der 8. Psalm birgt die ausdrückliche Frage nach dem Menschen. Aber das erste Wort des Psalmisten heißt nicht „Adam", sondern „Jahwe". Alles, was sonst im Psalm steht, hängt an diesem ersten „Du". Am Anfang steht also nicht eine Frage, sondern eine Anrede: „Jahwe, unser Herr". Mit dieser Anrede ist jede Antwort auf die Frage nach dem Menschen in bestimmter Richtung vorentschieden. Die beiden hebräischen Wörter verraten etwas über den Menschen, bevor er zum ausdrücklichen Thema wird. Aber auch da (v. 5), wo dieses Thema auftaucht, findet sich dasselbe „Du". Diese Beobachtung leitet die gesamte Auslegung des Psalms.

1. Die Frage nach dem Menschen wird nicht „akademisch" und von einem neutralen Ort her gestellt, sondern im Gefüge der Anbetung. Wer betet, wird nicht mehr getröstet durch die Parolen, die er und andere sonst verbreiten; er ist zurückgeschnitten auf seine innersten Bestände. Wir wissen nicht, ob die folgenden Verse des 8. Psalms einmal unabhängig von dem sie jetzt bergenden Gebet existiert haben, denn natürlich war dem Menschen im antiken Israel ebenso wie im ganzen alten Orient die Urfrage nach dem Wesen des Menschen bekannt und vertraut. Daß sie, früher oder später, in das Gebet und den Gottesdienst eingebracht wurde, ist ein deutlicher Hinweis auf die Totalität der Gottesbeziehung. Damit bekam diese Frage zwar nicht sofort eine Antwort, wohl aber eine Adresse: Jahwe. Da verstand sich der Mensch nicht aus sich selber, sondern in dieser Anrede. In ihr ist der Beter ganz ungeteilt, mit allen seinen Fähigkeiten und Leidenschaften, mit seinem gesamten Weltwissen sowie auch seinen Mängeln und Bedürfnissen; er kennt ja noch nicht die Aufsplitterung der anthropologischen Frage in Disziplinen und Zuständigkeiten. Die Zuwendung des betenden Individuums zu Jahwe geschieht aufgrund der Erfahrungen von Generationen. Der Beter auch des 8. Psalms kehrt mit seiner Frage nach dem Menschen nichts Individuelles hervor, sondern spricht aus, was lange Zeit und für alle gilt. Damit erübrigt sich auch die Frage des Historikers nach einer bestimmten Entstehungssituation oder gar nach dem Verfasser eines solchen Psalms: Ganz Israel bringt seine Frage nach dem Menschen im „Ich" dieses Beters vor Jahwe.

2. Bei dem Namen „Jahwe" muß man auch in der Übersetzung bleiben. Das κύριε der Septuaginta (wie das „domine" der Vulgata) verwischt den Unterschied zwischen יְהֹוָה und אֲדֹנֵינוּ (ὁ κύριος ἡμῶν). „Unser Herr" heißt beispielsweise auch der König David im Munde des Propheten Nathan (1Kön 1,11). Mit der Anrede „Jahwe" aber kommt das Unverwechselbare sowie das für die Frage nach dem Menschen Entscheidende in den Psalm hinein. Stünde da nämlich nicht „Jahwe", so würde das Gotteslob von v.2 so ziemlich in jeden altorientalischen Hymnus passen. Die namentliche Anrede des Israelgottes aber lenkt den Blick auf das, was hier alles erklärt: Jahwe ist der Gott, der sich

Mose unter diesem Namen offenbart hatte (Ex 3,14), der sich Israel in einer langen Geschichte handelnd und sein Handeln deutend erschlossen hatte, der von einem Amos oder Jesaja als der universale Gott ausgerufen wurde und als solcher in das israelitische Credo einging (Dt 6, 4). Ihn also redet der Beter des 8. Psalms namentlich an und gibt uns damit zu erkennen, daß alles im Gebet Folgende jedenfalls nicht ohne diesen offenbaren Gott, sein Werk, seine Güte, seine Forderung verstanden werden kann. Darum erscheint schon die *Frage* nach dem Wesen des Menschen nicht unvermittelt, sondern eindeutig vermittelt durch die bestimmten geschichtlichen und religiösen Erfahrungen Israels im ganzen; wieviel mehr wird im Bereich dieses Jahweglaubens jede *Antwort* auf die Menschenfrage davon bestimmt sein! Der hier Fragende ist ein von diesem Gott zuvor Angeredeter. Bevor er nach sich selber fragt, hat Jahwe ihn gefragt: „Mensch, wo bist du?" (Gen 3,9).

3. In der Mitte des 8. Psalms spricht zwar deutlich ein einzelner Mensch die Frage nach dem Menschen aus, aber seine Frage ist eingebettet in (und getragen von) der Anbetung einer Mehrzahl: „Jahwe, *unser* Herr". Individualität begegnet im Alten Testament allenthalben, aber nicht selten begegnet sie als das schwere Geschick des durch Krankheit oder Feindschaft vereinsamten Menschen. Bei der gottesdienstlichen Anbetung ist dem Israeliten Gemeinschaft gewährt und geboten. Es ist die Gemeinschaft derer, die in jedem Gottesdienst aus Ägypten geführt werden und am Sinai stehen. Außerhalb dieser Gemeinschaft und ihrer Gotteserfahrung stößt in Israel die Frage des Individuums nach dem Menschen ins Leere.

4. Jahwe, der *Gott Israels,* wurde geglaubt als der Schöpfer und Gott *aller* Menschen. Darum beginnt (v.2a) und endet (v.10) der Psalm mit der Proklamation der Gottesherrschaft über die ganze Erde. אֶרֶץ heißt hier nicht „Welt" im Sinne eines Totalitätsbegriffes, sondern „Erde" (γῆ, terra) im Gegensatz zum (in v.2b folgenden) „Himmel", und zwar die von Menschen bewohnte Erde im Sinne der griechischen „Ökumene". Was später im Psalm auch immer vom Herrschen des Menschen gesagt wird, der um den Psalm gefügte Rahmen rückt es in den Kontext, den Israels Glaube forderte: Unser — und darum: aller — Herr ist Jahwe!

5. Die Herrlichkeit seines Namens wird betont, weil er unter diesem Namen als der deus revelatus begriffen wird. Die Gotteserkenntnis, die diesen Betern den Mund öffnet, ist also keine „natürliche", sondern eine höchst „unnatürliche", die sich nur auf fragmentarische, immer umstrittene, von wenigen wirklich geglaubte Lebenszeichen von Seiten dieses Gottes beruft. Vergleicht man die glanzvolle Geschichte der großen altorientalischen Reiche mit der politischen Existenz Israels, die sich immer am Rande der damaligen „Ökumene" abspielte, so versteht man, welche Aussage da aus einem Winkel der Erde heraus

gemacht wird: „Wie herrlich ist dein Name auf der ganzen Erde!" Der Glaube Israels mutet also sich — und uns — nicht wenig zu, wenn die ewige Frage nach dem Menschen an diesen Gott gebunden wird. Die Herrlichkeit Jahwes wurde selten „geschaut", für sie gab es immer nur Zeichen. Der für Heutige so lächerliche Hinweis auf die Kinder und Säuglinge (v.3a) verstärkt diese Einsicht: Nicht mit dem Schwert, sondern mit dem Wort, nicht aufgrund von Macht, sondern aus der (politischen) Ohnmacht heraus bezeugt Israel die Herrlichkeit des Namens „Jahwe". So hängt alles, was zwischen v.2a und v.10 vom Menschen gesagt wird, an dieser Anrede: „Jahwe, unser Herr". Von Augen, die für dieses Grunddatum Israels verschlossen sind, wird gültige Einsicht in das Wesen des Menschen offensichtlich gar nicht erst erwartet. Was der Mensch ist, läßt sich nur über das „Du" der Anbetung erfahren.

III.

Von v.2b ab spricht nun ein einzelner Israelit. Man erwartet, daß er die Frage nach dem Menschen sogleich in großen und zeitlosen Worten formuliert. Aber er eröffnet das Thema mit einem Motiv, das den hohen Gedankenflug stört: Kinder und Feinde, also das Schwache und das Böse, treten hervor.

1. Die Verse 2b und 3 hat noch niemand befriedigend erklärt. Von den textlichen Schwierigkeiten muß wenigstens kurz die Rede sein. V.2b ist schlicht unübersetzbar. Aus der Fülle der Konjekturvorschläge greife ich den „elegantesten" heraus und lese mit B. Duhm: אֲשִׁירָה־נָּה „Besingen will ich...". Damit kommt die Einzelstimme, die dann in v.4 ganz unbestreitbar spricht, schon hier zu Worte. Damit hebt sich aber auch v.2a noch deutlicher als das Ganze rahmender Kehrvers (v.10) ab. עֹז in v. 3 a bedeutet eigentlich „Festung", die man freilich schlecht aus Kindermund bauen kann. Auch in v.3b stört das Suffix „um deiner Gegner willen". Meine Übersetzung von v. 2 b.3 ist nur ein Versuch, der hier angedeuteten Schwierigkeiten Herr zu werden. Vielleicht ist dem Psalmisten selber das ganze Bild ein wenig verunglückt, vielleicht wurde es nie recht verstanden und darum im Laufe der Textgeschichte ständig „verbessert". Wir müssen es jedenfalls aushalten, daß zwischen dem Lob Jahwes als des Herrn (v.2a) und des Schöpfers (v.4 ff.) von Kindern und Feinden gesprochen wird. Was bedeutet das für die Frage nach dem Menschen?

2. Wo vom Größten (Gott und Welt) die Rede ist, stört der Gedanke an die Kleinen und Kleinsten. Der Psalmist zwingt uns damit zu einer ungeläufigen und unbequemen Einsicht: Jahwes Herrlichkeit ist nicht aussagbar, wenn die Schwächsten übergangen werden. In Israel gab es zwar den Gottesglauben, der die „Welt" und alles Widerständige überschreitet (v.2), aber dieser Glaube artikuliert sich nicht durch Verschweigen des Widerständigen und Unansehnlichen. Es gibt nicht den Gedanken einer Herrschaft, die die Kleinsten ausklammert

oder übergeht. Kinder und Säuglinge verkörpern im Alten Testament nämlich nicht zuerst Frömmigkeit oder Unschuld, sondern Wehrlosigkeit. Mehrmals im Alten Testament (1Sam 15,3; Threni 2,11) steht der Doppelausdruck zur Bezeichnung jener Schonungsbedürftigsten, die auch in Kriegen immer zuerst ums Leben kommen. Ihrer also bedient sich Jahwe hier zur Durchsetzung seiner Ziele. Nicht allein am Himmel spiegelt sich seine Herrlichkeit, sondern im Zeugnis dieser Schwächsten; aus ihm begründet er eine „Macht". Anders soll Israel nicht einmal seiner Feinde Herr werden — eine kühne Aussage des Psalmisten zu einer Zeit, da man mit dem Messer nicht so zimperlich umging. Es gibt also keine Erkenntnis des Menschen, wo die Zarten, Gebrechlichen, Wehrlosen, Schonungsbedürftigen übersehen bleiben. Jahwe selbst übersieht sie nicht, sondern wirkt durch sie. Wo das gilt, kann „der" Mensch bereits nicht mehr als der Held, der Sieger, der Unangefochtene begriffen werden.

3. Auf seinem Wege hat es der Mensch nicht nur mit Schwachen, sondern unablässig auch mit Feinden zu tun. So belehrt uns v.3 eindringlich über die „anthropologische" Nüchternheit dieser Psalmbeter. Jahwes Name herrlich auf der ganzen Erde, aber was dem (noch) entgegensteht, wird nicht verschwiegen. Die Rühmung Jahwes vollzieht sich nicht realitätsblind. Was seine Herrschaft verdunkelt und seine Beter lähmt, ist eine alltägliche Erfahrung: Der Mensch hat Feinde. Aber was dem Menschen damit (v.3b) auferlegt ist, scheint das Gotteslob (v. 2 b) nicht zu hindern: „Besingen will ich deinen Glanz!" Hier bleibt eine quälende Spannung offen. Wer „Entspannung" sucht, muß entweder die Feinde (also die irdische Realität) verschweigen oder aber den Gott, den man loben kann. Beides ist gleichermaßen unsere Versuchung. Wo das eine oder das andere geschieht, verliert der Mensch nach der Erkenntnis des Psalmisten sein Maß.

4. Gleichwohl hat auch Israel gelitten unter der Existenz des Bösen auf der Erde, auf der doch Jahwes Name unangefochten herrlich sein sollte. An dieser Stelle wäre die sog. Geschichte vom Sündenfall (Gen 3) auszulegen. An dieser Stelle ist aber auch daran zu erinnern, daß das Alte Testament ja unablässig von des Menschen Schuld spricht. Unsere hartnäckige Frage, wie man Gott anbeten und rühmen könne, wenn doch das Böse existiert, war dem alttestamentlichen Menschen durchaus und in ihrer ganzen Abgründigkeit vertraut. Dieser unbegreifliche Widerspruch wird in den verschiedensten alttestamentlichen Textbereichen immer wieder ausgehalten: In Ps 8 ist Jahwes Name herrlich, aber es existieren Widersacher; in Gen 1 geriet Gottes Werk „sehr gut", aber in Gen 3 begegnet dem Menschen zuerst das Böse und dann der Fluch; Israels Geschichte beginnt mit Jahwes guten Gaben für die Seinen und endet mit Strafe und Exil für die Schuldigen. Es gibt kein alttestamentliches Dokument, in dem diese Spannung aufgehoben und das Böse völlig enträtselt würde. Das

Böse tritt an den Menschen von außen heran (Schlange, Heiden, Götter), aber es findet ihn zugleich in tiefer Bereitschaft zum Bösen. Die Reflexionen im Bereich der Urgeschichte (Gen 1—11) zeigen zudem deutlich die Spuren eines Kampfes, in dem Israel seine Erfahrungen mit Jahwe den vielgestaltigen anthropologischen Lösungen des alten Orients entgegenstemmte. Einige Grund-Sätze aus diesem Bereich können hier nur thesenartig festgehalten werden, zumal der 8. Psalm nach dieser Seite hin — wie jedes rechte Gebet — den Mut zur Unvollständigkeit hat.

a) Israel hat das Böse, die Schuld, die Versuchlichkeit des Menschen nie geleugnet und hat damit ein vordergründiges, optimistisches Menschenbild vermieden, demzufolge des Menschen Schuld und Leid durch soziale Organisation bekämpfbar oder gar aufhebbar wäre.

b) Israel hat die Herkunft des Bösen nicht „philosophisch" zu Ende gedacht, aber allezeit gewußt und betont: Wo Jahwe im Leben von Volk oder Individuum zurücktritt, tritt das Böse hervor.

c) Israel sah die Macht des Bösen allezeit als begrenzt an, weil Jahwe als ein „barmherziger und gnädiger Gott" (Ex 34,6) erfahren wurde.

d) Die im Alten Testament auffällig stark bezeugten Zukunftserwartungen hängen gleichfalls mit dieser Theologie und Anthropologie zusammen: Sie gründen sich niemals auf den (sündigen) Menschen, sondern immer auf (den vergebenden) Gott.

IV.

Im 8. Psalm klang das Dunkle nur am Rande an (v.3); die in v.4 erfolgende Wendung zur Betrachtung des in einer großartigen Welt königlich herrschenden Menschen wirkt abrupt. Die Frage, was der Mensch sei, gab es auch als eine unkultische; sie dominierte in der internationalen und späteren israelitischen Weisheitsliteratur. Dennoch findet sich in v.4—9 kein Wort, das nicht im geistigen Raum Israels tradiert, gewachsen und ausformuliert wäre, — so intensiv sich hier vieles mit der mesopotamischen und ägyptischen Weisheitsliteratur oder speziell mit der kanaanäischen Königstitulatur berührt. Israel hat das alles in seine eigensten Bestände eingeschmolzen, und so wird über den Menschen nicht „frei" oder spekulativ geredet, sondern gebunden an das Wort, das Jahwe vielfältig an Israel richtete. Darum artikuliert sich das große Staunen über den Menschen wiederum als Anrede an Jahwe. Die „anthropologische" Aussage des 8. Psalms hat zwei Zentren (v.4 f. und v.6—9), die nacheinander bedacht werden sollen.

1. Die Verse 4 und 5 sind zusammenzunehmen als Vorder- und Nachsatz: „Wenn ..., dann ...", nur muß man sich das „dann" dazudenken, etwa so: „Wenn ich ‚den' (so mit Septuaginta statt ‚deinen') Himmel sehe ..., dann muß ich denken: Was ist der Mensch ...".

13

2. „Wenn ich den Himmel sehe ...": Wir sind fixiert auf die gegenwärtige Prävalenz der Geschichtsphilosophien und -ideologien. Wir sind nicht minder fixiert auf die einseitigen Geschichtstheologien der letzten Jahrzehnte. So erwacht in uns sofort emotionaler Widerstand gegen diese staunende Betrachtung der Natur. Aber der Psalmist ist kein Naturromantiker, sondern er stimmt ein in das Lob des Schöpfers: „deiner Finger Werk". Das gesamte Alte Testament kennt die Freude des Menschen an seiner Welt und darum den Hymnus auf den Gott, der alles so herrlich gemacht hat. Mit solchem Staunen fängt nicht nur — wie bei Plato und Aristoteles — die Philosophie an, sondern auch das Sich-verstehen des Menschen in seiner Position coram Deo. Gegenüber der inneren Raumlosigkeit einer Theologie, die den 1. Artikel leichthin übergeht, darf hier gelernt werden: Zur Bestimmung des Menschen kann nicht künstlich ausgeblendet werden, was sein Herz erfreut: Mond und Sterne, die den Liebenden ebenso leuchten wie den Kranken. Eine solche Ausblendung brächte an den Tag, daß sich der Mensch mit seinen Parolen selber trennt von der Welt, die doch auch die Welt seiner Tränen und Träume ist. Demgegenüber bleibt der Psalmist bei seinem Schöpfer, wenn er im Einklang mit der Schöpfung bleibt. Das große Staunen hält hier sogar die recht disparaten Teile des 8. Psalms zusammen: Wie es am Anfang vom Namen Jahwes hieß מָה־אַדִּיר („wie herrlich!"), so heißt es nun hier auch vom Menschen מָה־אֱנוֹשׁ — der Form nach zwar eine Frage, aber doch nicht minder ein Ausruf des Erstaunens, denn die Frage wird sofort eingekleidet in das, was eigentlich staunenswert ist, nämlich der *Gottesbezug* dieses kleinen Wesens unter dem großen Himmel. Damit haben wir das „israelitische" Zentrum des Psalms erreicht, über das wir nicht hinwegeilen dürfen, weil alle (in v.6—9) folgenden Herrschaftsprädikate des Menschen auf diesem Gottesbezug aufruhen. Darum betrachten wir geduldig die Wörter; sie werden zeigen, inwiefern gerade hier nicht allgemein der alte Orient, sondern der vom Israelgott berührte Mensch spricht.

3. Der Mensch heißt hier zuerst אֱנוֹשׁ. Das Wort gibt es nie im Plural und nie mit Artikel. So entspricht es völlig unserem Gattungsbegriff „der Mensch" oder auch „die Menschen". In einer gewissen Häufung kommt es nur in den Psalmen (13mal) und bei Hiob (18mal) vor. Der Mensch heißt sodann בֶּן־אָדָם, was im Psalter parallel zu bloßem אָדָם steht und vielleicht nur den universalistischen Sinn verstärkt. Auch אָדָם gibt es nie im Plural und nur in Prosatexten mit Artikel; es ist gleichfalls Gattungsbezeichnung im kollektiven Singular und kommt im Alten Testament 562mal vor, in beinahe allen Schichten und Büchern. Sonderlich in der jahwistischen Urgeschichte (Schöpfung, Sündenfall, Sintflut) erscheint es als der Gattungsbegriff für den Gesprächspartner Jahwes auf Erden. In betont weisheitlichen Psalmen finden sich beide Bezeichnungen für „Mensch" im Parallelismus membrorum (Ps 8; 73; 90). Es handelt sich also

um Wörter, bei denen der Bezug auf Israel nicht sofort und nicht notwendig mitgedacht ist. Septuaginta und Vulgata übersetzen korrekt mit ἄνθρωπος und „homo" bzw., das Hebräische imitierend, mit υἱὸς ἀνθρώπου und „filius hominis". Der Ausdruck בֶּן־אָדָם meint also in Ps 8,5 „den" Menschen als das von Gott und Tier unterschiedene Wesen, wobei vielleicht noch immer der Konnex mit אֲדָמָה anklingt: Es ist das von „Ackererde" genommene Wesen, das an sie gebunden bleibt und am Ende zu ihr zurückkehrt. אֱנוֹשׁ signalisiert darüberhinaus vielleicht in besonderer Weise die Hinfälligkeit dieses Wesens, jedenfalls klingt das einigemale auffällig an (Ps 9,21; 90,3; 103,15) und paßt etymologisch zu akkadisch enēšu = schwach werden. — Warum ist das alles so subtiler Erwähnung wert? Weil hier der Mensch, der Mensch schlechthin, mit Aussagen in Verbindung gebracht wird, die sonst im Alten Testament nicht von „dem" Menschen, sondern vom Israeliten oder gar von Israel als Volk gemacht werden. Diese Aussagen stecken in den beiden Verben von v.5, die der folgenden Erklärung bedürfen. Sie basiert auf dem genauen Verstehen des ganzen Satzes in v.5: Die Frage, was der Mensch sei, wird mit „israelitischen" Mitteln gestellt und mit „israelitischen" Mitteln beantwortet; darum ist sie so formuliert: „Was ist der Mensch, daß du, Jahwe, . . .".

4. Was Jahwe am Menschen tut, drücken die beiden hebräischen Verben זכר und פקד aus. Die Breite und Vielfalt allein ihrer theologischen Verwendung im Alten Testament kann hier nicht nachgezeichnet werden. Einiges aber muß angedeutet werden, weil durch diese Verben das zum Ausdruck kommt, was für viele damals wie heute das σκάνδαλον des 8. Psalms ausmacht: Der ewige Gott kümmert sich um jedes einzelne dieser kleinen und schwachen, aber auch bösartigen und schuldigen Menschenwesen.

זכר heißt überwiegend „sich erinnern", „gedenken", aber auch „bedacht sein auf" o. ä., genau wie das μιμνήσκομαι der Septuaginta (Vulgata: „memor esse" bzw. „recordari"). Wo Jahwe Subjekt und der Mensch Objekt von זכר ist, handelt es sich niemals nur um einen intellektuellen Bezug, sozusagen um eine Gedächtnisleistung Jahwes, sondern immer um sein Handeln am Menschen. Beispiele: Als die große Flut hereingebrochen war und alles Fleisch umkam, „da gedachte Gott des Noah . . ." (Gen 8,1). Sein „Gedenken" führt die Wende herbei, bringt die Rettung. Gott kümmert sich um Noah, er wendet sich ihm zu, und d. h. in diesem Fall: Er wendet sich von seinem Zorn ab. Ebenso „gedachte Gott der Rahel, . . . erhörte sie und öffnete ihren Schoß" (Gen 30, 22). Damit wird ihr Kummer aufgehoben und — das kommt hinzu — die Geschichte des Gottesvolkes in Gang gebracht. Was dieses „Gedenken" Jahwes für das Leben und Überleben Israels bedeutet, kann man sich an Jer 31,20 zureichend klarmachen:

„Ist denn Ephraim mein teurer Sohn, ist er mein Lieblingskind?
Sooft ich gegen ihn rede, muß ich doch wiederum seiner gedenken;
darum regt sich mein Inneres für ihn,
ich muß mich seiner erbarmen, spricht Jahwe."

Was also in den zentralen alttestamentlichen Aussagen derart auf *Israel* bezogen ist, gerät in Ps 8 in den Geltungsbereich des Wortes אֱנוֹשׁ : Der Mensch, der kleine, unsichere, bedürftige Mensch, ist Gegenstand des Gedenkens, der Zuwendung, des Einsatzes Jahwes! Gerade darin aber besteht letzten Endes des Menschen „Größe", viel aufregender und viel mehr als in seiner Herrschaft über „oves et boves" (v.8a). Und ebendarum findet sich in Ps 8,5 kein Lehrsatz, sondern die staunende Frage: „Was ist der Mensch, daß du seiner gedenkst?"

Kaum anders verhält es sich mit dem parallelen Prädikat פקד. Es heißt „sich kümmern um", „sich jemandes annehmen" und von daher freilich auch „jemanden zur Verantwortung ziehen". Die Septuaginta benutzt ἐπισκοπέω also „auf jemanden blicken", „nach jemandem (z. B. auch einem Kranken) sehen", womit schließlich auch das Amt des ἐπίσκοπος umschrieben wird. Sehr schön und direkt kommt das alles zum Ausdruck im „visitare" der Vulgata. Beispiele: Jahwe „nahm sich" Saras „an", wie er verheißen hatte (Gen 21,1), und damit begann die Geschichte der Abrahamssöhne. Der sterbende Joseph vergewissert seine Brüder: „Gott wird sich eurer bestimmt annehmen und euch ... heraufführen in das Land ..." (Gen 50,24). Nach Ex 3,16 soll Mose den Ältesten das Gotteswort weitergeben: „Ich habe mich wirklich gekümmert um euch und um das, was euch in Ägypten widerfuhr." Auch פקד bezeichnet also die liebevolle Zuwendung Jahwes; er nimmt die in Schutz und Hut, die seiner bedürfen. Freilich hat das Verbum auch die schon erwähnte Nachtseite: Jahwe kümmert sich nicht nur um die Bedürftigen, sondern auch um die Schuldigen, und dann meint פקד „heimsuchen" (visitare), nämlich zum Gericht: „Nur euch habe ich (in Liebe) erkannt (ידע) aus allen Sippen der Erde; darum „ahnde" (פקד) ich an euch alle eure Vergehen" (Am 3,2). Wo beide Verben von Ps 8,5 parallel stehen, umschreiben sie die verschiedenen Nuancen des Handelns Jahwes; in Hos 8, 13 „negativ": „Da wird er ihrer Schuld ‚gedenken' und ihre Sünden ‚ahnden'." In Jer 15,15 „positiv": „Jahwe, ‚gedenke' meiner und ‚nimm dich' meiner ‚an'!"

So sind diese beiden Verben als innigster Ausdruck für das israelitische Gottesverhältnis, nach der Seite der Güte Jahwes ebenso wie nach der Seite seines Anspruchs. Das alles wird in Ps 8 energisch aus seinem ursprünglichen Erfahrungskontext (Jahwe — Israel) herausgerissen und auf „den" Menschen übertragen: Jahwe kümmert sich um jeden einzelnen אֱנוֹשׁ und אָדָם, also um alle Menschen. Es gehört geradezu zur schöpfungsmäßigen Ausstattung dieses

16

schwachen Wesens, daß sich der Lenker der Sterne seiner annimmt. Mit anderen, nicht weniger beziehungsreichen Verben lesen wir diese Botschaft in Ps 144,3: „Jahwe, was ist doch der אָדָם, daß du ihn kennst (ידע), und der בֶּן־אֱנוֹשׁ, daß du dir Sorgen um ihn machst (חשׁב)?" Der 8. Psalm enthält also in seinem „anthropologischen" Zentrum beides: eine deutliche Theologie des 1. Artikels, aber auch ein volles Maß an „Evangelium". Der Gott Israels — und das ist der Vater Jesu Christi! — fragt nach jedem einzelnen Menschen; in dieser seiner Zuwendung ist er der lebendige Gott. Und als er seinen Sohn schickte, damit alle gerettet würden, wurde diese „Evangeliums"-Linie ausgezogen, nicht so sehr die andere von v.6—9, wo von der Herrschaft des „Winzlings" über die Erde die Rede ist. V.4 f. bekundet also: Angesichts des gestirnten Himmels, angesichts der gesamten vielgestaltigen Schöpfung ist der Mensch klein und unscheinbar; seine Größe und Ehre aber hat er darin, daß der Schöpfer ihn angeredet hat und sich seiner unablässig annimmt. Nur von hier versteht man die Herrschaftsbeschreibung von v.6—9 wirklich!

V.

Den Schmuck von Ps 8,6—9 hat sich der Mensch aller Zeiten am ehesten *selber* angelegt; darum berührt sich der Psalm hier auch am direktesten mit allgemein-orientalischer Topik. Die wichtigsten Topoi müssen wenigstens angedeutet und in ihrer spezifischen Ausformung herausgestellt werden.

1. Entscheidende Vokabeln entstammen hier der Sphäre, die im alten Orient in erster Linie den König umgibt; die Ausdrücke der Vulgata verdeutlichen das für uns am leichtesten: gloria et honor/decor, coronare, potestatem dare super, ponere sub pedibus (letzteres eine Herrscherpose par excellence). Diese königlichen Züge, die sich aus altorientalischen ebenso wie aus alttestamentlichen Texten mit zahllosen Beispielen belegen ließen, werden hier nun — um es modern auszudrücken — „demokratisiert": Sie gelten nicht mehr nur für den königlichen Menschen, sondern für „den" Menschen, für Gottes Geschöpf. Das inkludiert nicht Gleichheit der Menschen untereinander in jeder denkbaren Hinsicht, wohl aber in der wesentlichen Hinsicht: coram Deo.

2. Vom Ende des 3. Jahrtausends an ist es (in Ägypten und Mesopotamien) das Interesse der sog. Listenweisheit, die Welt der sichtbaren Dinge zu benennen, zu registrieren, zu klassifizieren, zu ordnen — auch dies ein weltbeherrschendes (und nach Gen 1 gebotenes) Tun des homo sapiens. Darum also begnügt sich der Psalmist hier nicht mit der Wendung „alles legtest du ihm zu Füßen" oder, mit dem Blick auf die Tiere, „sie alle", sondern durchmustert mit eindrucksvoller Anschaulichkeit diese Erde, hingerissen von der Größe und Schönheit des menschlichen Herrschaftsbereiches. Die Freude an der ordnenden Kraft wie an der herrscherlichen Tat durchzieht also Ps 8 nicht anders als Gen 1.

Der Hymnus auf den Schöpfer und die Freude an seinem Werk fanden zu verschiedenen Zeiten verschiedenen Ausdruck in Israel; stets bildeten sie einen zentralen Aspekt des Selbstverständnisses für das einzige Geschöpf, das mit Worten zu loben (oder Lob zu verweigern) imstande ist.

3. Ebenso wichtig wie schwierig ist in v.6 a die Übersetzung von אֱלֹהִים. Die Septuaginta bietet ἄγγελοι und meint himmlische Wesen im weitesten Sinne. Aber wo solche im Alten Testament erscheinen, heißen sie in aller Regel בְּנֵי־אֱלֹהִים (Gen 6; Hi 1; Ps 29). Tatsächlich ist אֱלֹהִים zuerst ein Plural und bedeutet „Götter". Daneben und danach wird das Wort singularisch konstruiert und empfunden; dann meint es den *einen* Gott, den Gott Israels. Aber in der gleichen Weise sprach Israel über Jahrhunderte davon, daß jedes Volk „seinen" Gott habe: Kamoš war „der Gott der Moabiter" (1Kön 11,33) wie Jahwe „der Gott Israels". Wenn Jahwe in Ps 136,2 z. B. אֱלֹהֵי הָאֱלֹהִים heißt, also „Gott der Götter", dann zeigt der Doppelausdruck den ganzen Spielraum des Wortes und zugleich das Problem von Ps 8,6. Dieses spiegelt sich auch in der Vulgata: Der von der Septuaginta abhängige Text hat „angeli", Hieronymus übersetzt aus dem Hebräischen klipp und klar mit „Deus". Singular und Plural, Gott und die Götter schwingen an vielen Stellen mit. Ich entscheide mich, ohne das hier zureichend zu begründen, mit Rücksicht auf den alttestamentlichen Gesamtkontext für den Singular mit unbestimmtem Artikel: „Du machtest ihn wenig niedriger als ‚einen' Gott."

4. Die philologischen Überlegungen waren unerläßlich, weil es sich hier um eine jener (seltenen) alttestamentlichen Grenzaussagen handelt, die die Problematik von Gen 1,26 heraufbeschwören, also die sog. Imago-Dei-Lehre. Die wissenschaftliche Literatur dazu ist längst unübersehbar geworden (für die Tradition und Diskussion der Orthodoxie verweise ich nur auf den Überblick von P. N. Bratsiotis, Genesis 1,26 in der orthodoxen Theologie, EvTh 11, 1951/52, 289—297). Es ist ausgeschlossen, diese Diskussion hier aufzunehmen oder auch nur das alttestamentliche Material auszubreiten. An dieser Stelle muß sich der exegetische Ansatz (Auslegung eines einzelnen Textes) bewähren. Ich versuche also, v.6a im Kontext des gesamten Psalms so auszulegen, daß mitgedacht und verstanden werden kann, was in Gen 1,26 vom Menschen als einem „Bild Gottes" gesagt ist.

Der Mensch — wenig niedriger als ein Gott und zum Herrscher bestimmt: Diese Prädikate sind eingezwängt in zwei andere Aussagen des Psalms, die auch sonst konstitutiv sind für die alttestamentliche Theologie: a. Herr ist „Jahwe, unser Herr", und zwar nicht nur im Kosmos, sondern ohne Einschränkung auch hier auf Erden; b. das von diesem Herrn abhängige, auf sein Gedenken und liebevolles Hinsehen gänzlich angewiesene Wesen ist der Mensch. Was also hat er mit אֱלֹהִים zu schaffen? Ein „Vergleich" mit Jahwe ist hier (wie auch sonst) nicht nur nicht intendiert, sondern ausgeschlossen. Darum meint אֱלֹהִים auch nicht Jahwe, sondern das „göttliche" Element im allgemeinen, das zwar für vieler Menschen Augen die Welt durchwaltet, aber doch nicht schon identisch ist mit dem Gott, der sich Israel als Jahwe offenbart hat. אֱלֹהִים ist der pure Komplementärbegriff zur „Menschheit", also etwa im Sinne von „Gottheit". Ebendarum hat die Hoheitsaussage, mit der der Mensch hier ausgezeichnet wird, eine deutliche Spitze gegen jeden Mythos, gegen „das Göttliche" in jedweder Eigenmächtigkeit neben Jahwe oder gar zwischen Jahwe und dem Menschen. Nicht „Göttliches" beherrscht die Erde und den Menschen auf ihr, sondern der Mensch selber beherrscht die Erde, und zwar so, daß mythisch zu deutende Herrschaft damit abgelöst wird. Damit entmythologisiert der Psalmist beide Grundelemente der mythischen Weltdeutung des alten Orients, nämlich Könige und Götter! Und so heißt sein „Evangelium" in v.6 ff.: Frei ist der Mensch auf dieser Erde von irdischen oder kosmischen Mächten und Ängsten. In einer einzigen Gebundenheit dagegen bleibt er, nämlich in der Gebundenheit an den einen universalen Gott, an „Jahwe, unsern Herrn". Er aber — und er allein — hat diesem seinem Geschöpf teilgegeben an seiner Herrschaft, hat ihm die Erde anvertraut, hat ihm die Kostbarkeit seiner Schöpfung ausgeliefert. In den beiden entscheidenden Punkten stimmt Ps 8 also mit Gen 1 f. überein:

a) Der Mensch ist berufen zum Herrschen; aber er herrscht über das „Werk deiner Hände". Er hat seine „Ehre und Hoheit", soweit er diesen Auftrag wahrnimmt. Seine Herrschaft ist eine übertragene und (darin) begrenzte.

b) Der Mensch ist, was er sein soll und darf, als der von Gott angeredete. Im Hören und Antworten „entspricht" er Gott. Sein Mandat erlischt, sein Herrschaftsraum wird verdorben, wo er Antwort und Verantwortung verweigert, wo er aus der Klammer herausdrängt, die um den 8. Psalm gelegt ist: „Jahwe, unser Herr, wie herrlich ist dein Name auf der ganzen Erde!"

VI.

Ein einzelner Text enthält keine abgerundete Lehre vom Menschen „nach der Offenbarung des Alten Testaments", aber Ps 8 nimmt den Ausleger mit auf den Weg eines bestimmten Beters zu bestimmter Stunde. In solcher Einstimmung in das Gebet ist unter Umständen mehr zu lernen als in einem systematischen Überblick, der doch der Frage nach dem Menschen auch nie ganz gerecht werden kann. Der Beter des 8. Psalms nötigt uns also zu begreifen: Die Frage des Menschen nach sich selber ist im Erfahrungsbereich des Jahweglaubens nicht zufällig, sondern notwendig als Anrede an Gott formuliert. Sie wird also mit keiner Definition beantwortet, wohl aber mit einer präzisen Situationsbeschreibung. Der Mensch lebt und herrscht auf Erden in königlicher Freiheit, aber er bleibt, was er sein soll und darf, nur, solange er coram Deo lebt und herrscht. So wird die ewige Frage des Menschen nach sich selber im 8. Psalm allein dadurch beantwortet, daß nicht allein vom Menschen geredet wird! Der Mensch fragt nach sich selber als ein Wesen, nach dem Gott *zuvor* gefragt hat und nach dem Gott *unablässig* fragt. Im Hören auf Gottes Reden und in der Anbetung rührt der Mensch an das Geheimnis seiner Herkunft und seiner Bestimmung. Alle seine wesentlichen Eigenschaften und Bedürfnisse werden ihm deutlich in Korrelation zu den Gaben des Gottes, der durch Israel zu „dem" Menschen gesprochen hat. Die totale Abhängigkeit des Geschöpfes vom Schöpfer trägt aber nicht die Zeichen der Knechtschaft, sondern die Zeichen der Behütung (von Gott her) und der Rühmung (vom Menschen her). Gott und Mensch „entsprechen" sich im Gespräch, der Mensch erfährt sich in der Anrede dessen, der ihn anredet.

Die Frage nach dem Menschen wurde in ein ganz neues Licht gerückt, als Pilatus auf Jesus zeigte: ἰδοὺ ὁ ἄνθρωπος, „siehe, der Mensch" (Joh 19,5)! Pilatus sah da den gekrönten Menschen vor sich — gekrönt nicht mit „Ehre und Hoheit", aber mit Dornen. In jener Stunde erklärte Jesus dem irritierten Römer, sein Herrschaftsbereich sei nicht von dieser Welt (Joh 18,36). Damals kam endgültig an den Tag, daß des Menschen Herrschen auf Erden gebrochen, zwiespältig, schuldbeladen und voller Verrat ist an dem, der ihm „alles zu Füßen legte". Unaufhörlich entzieht sich das einzigartige Geschöpf Gottes dem Gespräch mit seinem Schöpfer; es ist von sich selber fasziniert. Ebendarum hat es seine tiefste Bedürftigkeit in der Vergebung; es bleibt angewiesen auf den Gott, der seiner gedenkt und sich seiner annimmt. Darin bleibt das Neue Testament auf der Linie des Alten Testament und Jahwe der Vater Jesu Christi: „Wie sich ein Vater über Söhne erbarmt, so erbarmt sich Jahwe über die, die ihn fürchten; denn er weiß (ידע), was für Geschöpfe wir sind, er denkt daran (זכר), daß wir Staub sind" (Ps 103, 13 f.). Wo das begriffen wurde, ist des Staunens und Rühmens kein Ende: „Was ist der Mensch, daß du seiner gedenkst, das Menschenkind, daß du dich seiner annimmst?"

Das Zeugnis der Väter vom Menschen

BASILEIOS ANAGNOSTOPOULOS

In Wirklichkeit ist das, was die Väter über den Menschen sagen, nicht die Lehre einer Partei in der Kirche, sondern die Lehre der Kirche durch Wort und Schrift, der besten Deuter und Träger der geoffenbarten Wahrheit. Das verleiht einer Untersuchung der Anthropologie der Väter ihr Gewicht. In der orthodoxen theologischen Tradition steht deshalb auch das ganze anthropologische System bis in die angewandte Terminologie und die übrigen Einzelheiten auf der Basis der umfassenden Lehraussagen der Väter über den Menschen — und zwar in erster Linie der griechischen Väter. Allerdings haben sich nicht alle Väter mit dem anthropologischen Problem befaßt. Es ist darüber hinaus unmöglich, auf alle Väterzeugnisse einzugehen. Väter, die sich nur in begrenztem Umfang mit anthropologischen Fragen beschäftigt haben, konnten nicht mit in die Untersuchung einbezogen werden. Vielmehr wird hier der Versuch gemacht, eine Zusammenfassung zu geben und diejenigen Meinungen darzulegen, die in der gesamten patristischen Literatur zum Problemkreis der Anthropologie zu finden sind. Die getroffene Auswahl und der Vorzug und Gebrauch mehrerer Zeugnisse aus dem Schatz der Kenntnisse einiger bestimmter Väter bedeutet nicht die Bevorzugung des einen oder anderen Kirchenvaters. Die Auswahl beruht vielmehr auf zwei Prinzipien:

1. Das anthropologische Problem als solches ist nur bei einigen Vätern Gegenstand einer ausführlichen und speziellen Behandlung geworden, wie z. B. bei Gregor von Nyssa in seinem Werk „De constructione hominis" oder in seiner Großen Katechetischen Rede, in der die Schöpfung des Menschen, seine Ursünde, die Wiedergewinnung der früheren Wonne durch die Inkarnation und seine Erlösung behandelt werden. Die Anthropologie hat auch in anderen Schriften dieses Kirchenvaters große Bedeutung. Ebenfalls hat sich Nemesis von Edessa sehr ausführlich mit diesem Thema befaßt. In seinem Werk „De natura hominis", das eigentlich die erste uns bekannte Abhandlung christlicher Anthropologie ist, analysiert er den Menschen als solchen und zugleich auch in seiner Beziehung zu Gott und der ihn unmittelbar umgebenden Natur. Auch andere hervorragende Väter, wie Basilius d. Gr. und Gregor von Nazianz, gehen in ihren Werken immer wieder auf anthropologische Fragen ein. Ersterer in der 9. und letzten Hexahemeron-Homilie und, wenn auch nicht erschöpfend, in seinem Werk „Über den heiligen Geist", des weiteren in

seinen asketischen Schriften, in seinen Psalmen-Homilien u. a.; letzterer in seinen berühmten dogmatischen Reden und in seinen Reden auf Christus. Eine ebenso große Bedeutung haben auch die anthropologischen Aussagen der Alexandriner Athanasius und Kyrill, des aus Antiochien stammenden Johannes Chrysostomus, Theodorets von Kyros und anderer. Die Anthropologie all dieser Kirchenväter ist die Hauptvoraussetzung des orthodoxen anthropologischen Systems, so daß es für den orthodoxen Theologen unmöglich ist, sich eingehend mit dieser Frage zu befassen, ohne die Äußerungen dieser Kirchenväter zu berücksichtigen.

2. Denn diese Kirchenväter vertreten das Denken der theologischen Schulen von Alexandrien und Antiochien wie auch die Tradition der Kappadozier in der Lehre vom Menschen; sie liefern all die unerläßlichen Elemente zur Bildung und Formulierung der Anthropologie des Johannes Damaszenus, jener Zusammenfassung der ganzen patristischen Lehre einschließlich der Anthropologie.

Gewiß, auch vor dem 4. und 5. Jahrhundert haben wir hervorragende Gestalten in der Geschichte der kirchlichen Literatur, wie die dynamische Persönlichkeit des Irenäus, der als erster christlicher Systematiker die kirchliche Lehre seiner Zeit in seinem bekannten Werk „Adversus haereses" auslegte und die Anthropologie im Zusammenhang mit der Christologie und der Soteriologie behandelte. Hierzu gehören auch die Vertreter der alexandrinischen Schule Klemens und Origenes. Diese beiden Schriftsteller führten neue Methoden in der Behandlung theologischer Fragen, also auch der anthropologischen als solcher, ein. Ihr Beitrag zur Erforschung dieses Themas war deshalb sehr bedeutend. Ihre Meinung hat großen Einfluß auf die Herausbildung der späteren patristischen Lehre ausgeübt.

Die Trilogie des Klemens spricht für die besondere Wichtigkeit, welche er der anthropologischen Frage beimaß. Sie umfaßt in origineller und lebendiger Darstellung die ganze christliche Lehre und weist auf die Bedeutung der Persönlichkeit und der ideellen Eigenschaften des christlichen Erziehers hin. Die anthropologischen Aussagen im Werk des Origenes sind eng verknüpft mit seiner ganzen Theologie. Ziel des Menschen ist nach ihm die durch den Logos zu erreichende Vergöttlichung.

Parallel zu diesen drei kirchlichen Schriftstellern wären aus dieser Zeit auch die Apologeten zu erwähnen, deren Beitrag zur Diskussion der anthropologischen Fragen nicht übersehen werden darf. Justin, Athenagoras, Aristides und Theophilos von Antiochien sind die Hauptvertreter der apologetischen Literatur des 2. Jahrhunderts, die sich mit diesem Thema beschäftigen. Theophilos hatte sogar den Mut, den Menschen sofort hinter die Personen der Dreifaltigkeit zu stellen. Gewiß, dieser Beitrag der Kirchenväter des 2. und

3. Jahrhunderts zur Klärung des anthropologischen Problems war bedeutend, doch erst danach wurde die Überprüfung des Problems von den Vätern des 4. und 5. Jahrhunderts systematisch in Angriff genommen.

Es ist somit klar, daß diese Frage eine weitere Ausdehnung und Vertiefung in der nachfolgenden Zeit erfuhr. Aus dieser Zeit, beginnend mit den Vätern des 4. und 5. Jahrhunderts und endend mit Johannes von Damaskus, stammen auch die anthropologischen Aussagen solcher kirchlicher Autoren wie z. B. Pseudo-Dionysius Areopagita, Leontius von Byzanz und Maximus Confessor. Die Behandlung der Frage wurde fortgesetzt, und zwar von Leontius aus philosophischer, von Dionysius und Maximus aus mystischer Sicht, von allen dreien aber in engem Bezug zum christologischen Dogma.

Bei Johannes von Damaskus tauchte die anthropologische Frage immer wieder auf, obwohl — wie schon oft gesagt — seltener, und je nach den metaphysischen und mystischen kirchlichen Tendenzen. Das anthropologische Problem beschäftigt die Theologie des Ostens sowohl in der ersten Periode der mystischen Theologie in Byzanz als auch hauptsächlich in der Periode des byzantinischen christlichen Humanismus (Photius, Aretas, Michael Psellos u. a.). Dies geschieht aber auch in der zweiten Periode des orthodoxen Mystizismus, in der der Mensch und die theologischen Aussagen über ihn in enger Beziehung zur hesychastischen Bewegung des Gregor Palamas und der palamistischen Theologie steht.

Welches waren nun die Hauptpunkte der patristischen Anthropologie aufgrund der anzuführenden Zeugnisse? In dieser Hinsicht macht der Theologe eine interessante Feststellung. Gewiß, der Mensch interessiert die Väter als eine Einheit innerhalb der Schöpfung. Deshalb liefern einige von ihnen eine sehr detaillierte Beschreibung und Analyse. Die Beschreibung des Menschen aber im Rahmen der Schöpfung erfolgt bei den Vätern in einer fundamentalen Beziehung; zunächst wird der Mensch sowohl in seiner körperlichen als auch in seiner seelischen Zusammensetzung im Zusammenhang mit dem menschlichen Wesen gesehen, das aus den Händen des Schöpfers mit all den Zügen des noch nicht gefallenen Menschen hervorkam, folglich desjenigen Menschen, der ein getreues Ebenbild Gottes geblieben wäre, wenn die Sünde nicht eingetreten wäre.

Nach dem Fall ist der Mensch dagegen ein Abbild des gefallenen Menschen. Diesen gefallenen Menschen setzen die Väter aber in Beziehung zu dem durch den Erlöser Christus wiederhergestellten Typ des geretteten, in Gnade, in Christus weilenden Menschen.

Wenn wir also von der Anthropologie der griechischen Väter sprechen, müssen wir die dreifache Dimension berücksichtigen, unter der die Väter vom Menschen reden. Diese dreidimensionale Perspektive des anthropologischen

Problems bildet meiner Meinung nach den positiven Beitrag der patristischen Theologie. Denn nur durch den Bezug des heutigen natürlichen Menschen zu dem ersten und zweiten Adam kann ein vollständiges Bild des Menschen gezeichnet werden.

Was war der erste Mensch, und was ist aus ihm geworden? Was ist der Mensch jetzt, und was kann er wieder werden?

Für die Väter ist der Mensch sowohl ein psychosomatisches Ganzes als auch eine logische und moralische Einheit. Der Mensch, der aus einer geistigen Seele und einem materiellen Körper besteht, ist das einzige in der Welt existierende geistig-materielle und psychosomatische Wesen, in dem sich nach dem freien schöpferischen Willen Gottes eine vollständige und eigenartige Kombination von Geist und Materie vollzog. Genau in dieser Kombination besteht die Überlegenheit des Menschen über die sichtbaren Wesen/Dinge. Der Mensch unterscheidet sich von ihnen allen seiner Natur nach und steht den Engeln nur ein wenig nach (Ps 8,6)[1].

Es ist interessant festzustellen, daß die Väter dieses Bild umgekehrt beschreiben. Sie sehen vor sich jenen Menschen, den sie in sich selbst vertreten, nämlich den Menschen des Alltags mit den gemeinsamen Kennzeichen seiner unmittelbaren Umgebung, und aufgrund dessen beschreiben sie das Bild des Menschen der Schöpfung. An Hand der Mängel nämlich, die der heutige Mensch zeigt, ziehen sie ihre Schlüsse auf die Vollkommenheiten des Menschen der Schöpfung[2].

Ein erster Vergleich zwischen dem ersten Menschen und seinen Nachkommen ergibt, daß jener gemacht oder geschaffen wurde, seine Nachkommen aber werden in natürlicher Weise aus ihm geboren[3]. Leontius von Byzanz sagt z. B. in diesem Zusammenhang, daß Adam ohne Mutter zur Welt gekommen ist[4]. Darin liegt schon der erste ontologische oder auch existentielle Unterschied zwischen dem ersten Adam und dem heutigen Menschen.

Ähnlich wird der Vollkommenheitsunterschied zwischen dem ersten Adam und dem heutigen Menschen bei Justin beschrieben: „Ihr alle könnt ja wissen, daß der Körper, aus dem Gott den Adam gebildet hatte, das Haus des von Gott eingehauchten Geistes wurde[5]."

Athenagoras sieht Adam deshalb auch zusammen mit den Heiligen geistige Dinge im Paradies speisen[6], und Basilius d. Gr. sagt, daß Adam eben nicht

---

1 Vgl. MPG 29, 449.
2 Vgl. MPG 36, 321 D. 324 D (Gregor von Nazianz).
3 Vgl. MPG 25, 429 C (Athanasius); MPG 36, 348 C (Gregor von Nazianz).
4 Vgl. MPG 86, 1708 A.
5 Vgl. MPG 6, 561 C = BKV 33, 60.
6 Vgl. MPG 25, 8 B.

der Natur nach, sondern dem Willen gemäß geschaffen wurde, daß er seinen Wohltäter liebte, der ihm die Wonne des ewigen Lebens schenkte, ihn an den Tisch der Erzengel setzte und ihn zum Hörer der göttlichen Stimme machte[7].

Die Väter vergleichen auch einzelne Merkmale. Es wird vom ersten Menschen gesagt, er sei eine prophetische Einheit gewesen, die prophetisch die heilige Trinität angebetet habe[8]. Athanasius d. Gr. nennt ihn ein Geschöpf, versorgt mit der Gnade des Herrn[9]. Nach Chrysostomus und Kyrill von Alexandrien ist der Mensch ein Wesen, das die Gaben der Weisheit und das Wissen Gottes hat, und ein Geschöpf, das über die übrigen Geschöpfe herrscht, die ihm untertan sind[10].

Alle diese Vergleiche führten dazu, daß sich der wesentlichste Zug der Anthropologie der Väter in der folgenden Frage zusammenfassen läßt: Worin bestand — im Gegensatz zum heutigen Menschen, der sich so weit von der Wonne entfernt befindet — die Wonne des ersten Adam; welches waren die Elemente, aus denen diese Wonne bestand? Kyrill von Alexandrien sagt darüber, der Mensch sei vor dem Fall im Paradies glücklich gewesen, und Johannes Klimakos sagt, daß er vor dem Fall keine Tränen gekannt habe[11]. Aber besser als jeder andere beschreibt Johannes von Damaskus den Zustand der Wonne und ihrer Elemente in einem Zitat, das an und für sich klassisch ist, aber auch repräsentativ für die ganze frühe Tradition: Er sagt nämlich: „Es schuf also Gott den Menschen unschuldig, rechtschaffen, tugendhaft, leidenschaftslos, sorgenfrei, mit aller Tugend geschmückt, mit allen Gütern ausgestattet, gleichsam eine zweite Welt, in der großen eine kleine, einen anderen Engel, einen gemischten Anbeter, einen Augenzeugen der sichtbaren Schöpfung, Kenner des Geistigen, Herrscher über das Irdische, beherrscht von oben, irdisch und himmlisch, vergänglich und unsterblich, sichtbar und geistig, in der Mitte zwischen Größe und Niedrigkeit, Geist und Fleisch zugleich: Geist aufgrund der Gnade, Fleisch in Anbetracht der Erhebung; das eine, daß er bleibe und seinen Wohltäter preise, das andere, daß er leide und durch Leiden gemahnt und gezüchtigt werde wegen seines großen Stolzes; ein Wesen, das hier, d. i. im gegenwärtigen Leben, geleitet und anderswohin, das ist in die zukünftige Welt, versetzt, und, was das größte Geheimnis ist, durch die Hin-

---

[7] Vgl. MPG 31, 344 C.
[8] MPG 41, 181 B (Epiphanius).
[9] MPG 26, 292 C.
[10] Chrysostomus, Homilie zu Ps 3,1 und Homilie zu Gen 14,5.
[11] MPG 88, 809 C.

neigung zu Gott vergöttlicht wird; vergöttlicht aber durch Teilnahme an der göttlichen Erleuchtung und nicht durch Verwandlung ins göttliche Wesen[12]."

Die Frage, die sich die Väter in diesem Punkt stellen, ist die: Konnte der erste Mensch, der nicht im Guten und in der Wonne, in der er geschaffen wurde, verharrte, sondern fiel, nach dem Fall im Zustand des Falles und seiner Konsequenzen verharren? Die Frage ist äußerst ernst und wichtig sowohl für die patristische Theologie als auch für die ganze Anthropologie der Kirche.

Es versteht sich von selbst, daß sich an diesem Punkt die ganze bekannte Problematik von Gen 1,26 und der dortigen Aussage, daß der Mensch nach dem Bild und dem Gleichnis Gottes geschaffen wurde, erhebt. Tatsächlich befaßt sich die ganze patristische Literatur mit dieser Stelle. Wir vermeiden aber die Behandlung dieses breiten theologischen Problems; wir bleiben im rein patristischen Rahmen des uns gestellten Themas, um der Denkweise der griechischen Väter zu folgen und die Antwort, die von ihnen auf die delikate und wichtige Frage nach der Bedeutung von Gen 1, 26 gegeben wurde, zu finden.

Die Väter sind durchaus präzis und positiv in der Antwort, die sie vorschlagen: ihnen gemäß könnte und sollte der Mensch nicht statisch im Zustand des Falles und seiner Folgen bleiben, und dies aus zwei fundamentalen Gründen:

1. Er wurde nicht zum Verlust, sondern zur Gnade und Wonne geschaffen, und

2. Gott konnte ihn nicht in der Verlorenheit lassen, sondern mußte die Mittel finden, ihn an sich heranzuziehen.

Diese zwei fundamentalen Aussagen des patristischen Denkens bilden die Hauptzüge der orthodoxen Anthropologie. Die Väter verknüpfen beim Nachdenken über die zwei Aussagen das ganze Thema mit der Christologie, und zwar mit dem, was sie über den zweiten Adam sagen, und mit der Soteriologie, d. h. nicht nur mit all dem, was den Zweck der Erlösung ausmacht, sondern auch mit dem Mittel der Erlösung der gefallenen Menschen im Plan der göttlichen Ökonomie.

Daß der Mensch nicht zum Verlust geschaffen wurde, sondern zur Erlösung und Wonne, und daß der Sohn und Logos Gottes deshalb Mensch wurde, ist nach den Vätern aus der Tatsache der Inkarnation des Logos an sich und aus den Umständen zu ersehen, unter welchen der Herr Fleisch geworden ist. Die Tatsache, daß der Herr keinen himmlischen Leib annahm, sondern einen menschlichen, spricht dafür, daß die Teilnahme des Menschen am Werk der Erlösung von der Sünde schon von Anbeginn an vorgesehen war, sagt Basilius d. Gr.[13]. Die vollkommen ungewöhnliche und übernatürliche Weise, auf die sich die Inkarnation vollzog, bestätigt nach Kyrill von Alexandrien diese Tatsache[14]. Daß der Mensch auf keinen Fall im Zustand der Verlorenheit bleiben konnte — denn er wurde nicht für die Verlorenheit geschaffen —, wird besonders klar von Gregor von Nazianz ausgedrückt[15]. Aus dem, was Methodius von Olympos beim Vergleich von Christus und Adam sagt, ist dieselbe Auffassung zu erschließen[16].

All dies geschah, weil Gott nicht will, daß der Sünder verlorengeht, sondern den Menschen zur Erlösung berufen hat auf dem Weg der „Ektheosis", wie es Leontius von Byzanz ausdrückt[17].

Alle oben erwähnten Zitate zeigen, daß die Inkarnation nicht nur auf die unmittelbare Rettung des Menschen durch Gott abzielte. Vielmehr finden wir in der Inkarnation neben den göttlichen auch menschliche Elemente — trotz der Tatsache, daß das eine äußerste Kenose Gottes und eine völlige Herablassung des unvergleichlich größeren Gottes zum von Natur aus kleineren Menschen bedeutete. Daß Gott das zuließ, zeigt seine Bereitschaft, für die Rettung des Menschen alles zu tun. Charakteristisch sind hier die Worte des Irenäus: „Wie er nämlich Mensch war, um versucht zu werden, so war er auch das Wort, um verherrlicht zu werden. Das Wort ruhte, damit er versucht, verunehrt, gekreuzigt und sterben konnte; er tat sich aber mit den Menschen zusammen, damit er siegen, ausharren, sich liebreich erweisen, auferstehen und in den Himmel auffahren konnte[18]." Gregor von Nyssa kommentiert diese ungleiche Begegnung des Größeren mit dem Kleineren und schreibt dies der allmächtigen Hand Gottes zu[19]. Dazu sagt er, daß die Gewißheit der Erlösung genau darin besteht, daß der Logos die Menschennatur annahm und trug[20]. Am klarsten jedoch stellt Athanasius den Zweck der Inkarnation und die Umstände dar, die den Logos zur Annahme der menschlichen Natur führten[21]. Auch die Schriften des Epiphanius lassen erkennen, daß die Väter die Erlösung in dem ontologischen Bedürfnis des Menschen begründet sahen.

---

[12] MPG 94, 921 A — 924 A = BKv 44, 78 f.
[13] MPG 32, 969 C.
[14] MPG 76, 252 B.
[15] MPG 37, 177 B.
[16] MPG 18, 65 A—68 A.
[17] MPG 86, 1468.
[18] Irenäus, Adv. haer. III 3 = MPG 7, 941 A; vgl. a. Klemens von Alexandrien (MPG 8, 556 C—557 A).
[19] MPG 45, 697.
[20] MPG 45, 736 D.
[21] MPG 26, 296 AB.

Für die Väter aber gibt es neben dem Bedürfnis des Menschen auch eine Art innere Notwendigkeit Gottes, den Menschen nicht in der Verlorenheit zu lassen, sondern ihn zu erlösen. Dieser Punkt ist fundamental für die Anthropologie. Gott konnte den Menschen nicht verloren gehen lassen. Hätte er das getan, so wäre er kein vollkommener Gott-Schöpfer; sein Geschöpf wäre auch kein Geschöpf, das Gottes würdig wäre. Daß Gott den gefallenen Menschen zu sich heranzog und ihn mit sich vereinigte, ist ein wesentliches Element im Rahmen des Plans der göttlichen Ökonomie.

Eine Übersicht über die Theologie der Väter ergibt, daß das Bild des Menschen nach ihrer Auffassung durch den Fall und dessen Folgen entstellt wurde und seine Wiederherstellung in der vom Gottmenschen Jesus angenommenen menschlichen Natur und in der Assimilation des Menschen durch die Inkarnation findet. Folglich ist der Mensch nur dann vollständig und vollkommen, wenn er empfindet, daß seine Natur in der Inkarnation des Logos alle jene Reinigungen erfahren hat, die notwendig sind, um sie für die Adoption durch Gott und die Wiederherstellung würdig zu machen. Der Mensch ist dann vollständig und vollkommen, wenn er, von dieser Empfindung ausgehend, das Leben der Gnade, der Adoption, der Vereinigung und Kommunion in Christus gänzlich erlebt — dieses Leben, dessen Ursprung und Quelle Jesus Christus ist.

Diesen Gedanken drückt Chrysostomus folgendermaßen aus: In Christus, sagt er, als einem Ursprung, vollzieht Gott — aus Liebe — das im Paradies mißglückte Werk der Vergöttlichung des Menschen. Alle Menschen werden dazu gerufen, freiwillig daran teilzunehmen, indem sie den Kreis der erlösenden Handlungen Christi in den Sakramenten und im Leben wiederholen. In Christus wiederholt der Mensch den im Paradies mißglückten Versuch, unverweslich zu bleiben. Die Ökonomie in Christus ist keine Veränderung des ursprünglichen Planes Gottes mit den Menschen[23].

Der Mensch erreicht eine solche Vollkommenheit, wie sie von Chrysostomus beschrieben wird, durch die totale seelische und körperliche Teilnahme an dem Leben in Christus, mit anderen Worten, an dem Leben der Gnade, das vom Heiligen Geist ausging, ausgeht und gefördert wird. Basilius sagt, daß die Erlösung von der Sünde und die Reinigung der früheren Schande nicht ausreichen; notwendig ist die durch die Gnade erreichbare Rückkehr des Menschen zu seiner ursprünglichen Schönheit, die durch die Wirkung des Heiligen Geistes erlangt wird[24].

---

[22] MPG 43, 157 C.
[23] Homilie zum Epheserbrief I$_2$ = MPG 62, 12.
[24] MPG 31, 912 A.

28

Während die Väter aber einerseits, wie Basilius d. Gr., imperativisch vorschreiben, was der Mensch zu tun hat: „Nimm den Sinn der Würde eines Menschen wahr; richte dich auf das von Christus dargebrachte Geschenk und erkenne selbst deinen Wert; du wurdest durch das kostbarste Blut Christi gekauft ... verstehe deine Ehre[25]", unterstreichen sie andererseits aber die absolute Notwendigkeit der Gnade, derer der Mensch bedarf, um in sich die Vollkommenheit zu verwirklichen. „Man muß gesund gesinnt sein ..., worüber hinaus wir jedoch die göttliche Gnade benötigen", sagt Klemens von Alexandrien[26]. Athanasius d. Gr. sagt wiederholt: „Gott ... schenkte uns das Leben gemäß seiner Gebote und seiner Gnade[27]"; „auch im Geheiligtwerden bedürfen wir der Gnade des Geistes[28]." Gregor von Nazianz spricht von der Armut des Menschen und von der Notwendigkeit der Gnade; „denn alle sind arm und bedürfen der göttlichen Gnade[29]", und Basilius d. Gr. sagt schließlich: „denn das Heil findet sich nicht in der Kraft des Menschen, auch nicht in der Weisheit, sondern in der Gnade Gottes[30]".

Auf jeden Fall bietet Gregor von Nazianz die umfassendste Darlegung der Lehre über den vollkommenen Menschen in Christus durch den Heiligen Geist und seine Gnade. Er meint, daß die Ähnlichkeit des Menschen mit Gott das Werk des Heiligen Geistes ist, welcher zum Menschen hinabsteigt; der Mensch aber wirkt mit und schreitet durch den Parakleten auf den Herrn und Gott hin. Diese Ähnlichkeit wird von den Vätern ganz verschieden als Gotteskindschaft, Erbe, Reinigung (Katharsis), Vereinigung mit Gott, Gemeinschaft und Vergottung bezeichnet.

Nach der Lehre Gregors von Nazianz ist die Ähnlichkeit des Menschen mit Gott das höchste Ziel des Menschen. Nach der Auffassung Gregors gibt es aber nicht allein einen, sondern viele Wege zum Heil; „denn, wie es verschiedene Lebensweisen gibt, so gibt es auch bei Gott viele Wohnungen, die aufgrund des Wertes eines jeden vergeben und zugeteilt werden; und der eine hat diese Tugend zu betätigen, der andere jene, der eine mehr, der andere alles, wie es jedem möglich ist[31]".

Jeder Mensch hat seinen Kräften gemäß und aufgrund des ihm von Gott geschenkten Charismas, des ihm zugeteilten besonderen Talents und dessen,

---

[25] MPG 29, 449 B—452 A; vgl. a. MPG 31, 212 B—213 A.
[26] MPG 9, 166.
[27] MPG 25, 104 D.
[28] MPG 26, 117 A.
[29] MPG 39, 860 A.
[30] In ps. 33 = MPG 353 C.
[31] Sermo 14,5 = MPG 35, 864; vgl. a. sermo 39,33 = MPG 36, 212 B.
[32] MPG 35, 1049 C—1052 B.

was dem besonderen Charakter seiner Persönlichkeit entspricht, ununterbrochen in Gott zu wachsen. Alle jedoch sollen Tränen, Reinigung, ein Emporsteigen und eine Vorwärtsentwicklung aufweisen[32].

Die Auffassung der Väter zum Problem der Anthropologie zeigt folgende Merkmale:

1. Ausgehend von der Realität des einfachen Menschen, an den sie sich wenden, ist ihre Anthropologie von großem Realismus geprägt.

2. In ihren Überlegungen über die Realität des heutigen Menschen und seinen verlorenen Urzustand zeigen sie keine pessimistischen Tendenzen; ihre Anthropologie erweist sich vielmehr in gewissem Grade als optimistisch.

3. Der Weg von der verlorengegangenen Seligkeit bis zu ihrer Wiederherstellung war zwar lang, aber der Substanz nach unmittelbar und ganzheitlich; denn der Sohn und Logos Gottes hat, als die „Fülle der Zeit" gekommen war, erreicht, was Jahrhunderte hindurch erwartet worden war.

4. Die Einfügung des Menschen in die Wiederherstellung in Christus nach der Fleischwerdung des Logos ist eine Frage der Wechselwirkung zwischen Christus und dem Menschen. Christus schenkt seine Gnade, während der Mensch seinen Willen und sein Leben darbringt. Auf diese Weise wird in Christus der vollkommene Zustand des Menschen realisiert.

Wir meinen, daß die Väter durch die Betonung der oben genannten Punkte zur Fixierung zweier grundlegender anthropologischer Lehren beitrugen:

1. Eine Anthropologie ohne Bezug auf den ersten und den zweiten Adam ist für sie undenkbar;

2. in dieser Anthropologie kann nur vom vollkommenen Menschen die Rede sein; denn es geht um den Menschen, der in der Gnade lebt, der durch den Parakleten zu Christus geführt wird und der danach strebt, die Gottähnlichkeit zu erlangen, indem er ein Leben der Gnade lebt, ein Leben der Vollkommenheit und der Vergöttlichung.

Mit der Prüfung der Hindernisse und der Schwierigkeiten einer solchen Identität beschäftigt sich die patristische Ethik. Die Theologie der Väter gelangt dabei zu einer Definition dessen, was der Mensch ist, was von göttlicher Seite geschah und was von menschlicher Seite geschehen kann. Nach der Lehre der Väter ist der Mensch göttlichen Ursprungs und ist von der ihm geschenkten Seligkeit abgefallen; er kehrt durch die Menschwerdung des Logos zu Gott zurück; er wird durch die einzelnen Gaben des Heilsplanes Gottes und des Parakleten zu Gott hingeführt; und er hat das Ziel der Gottähnlichkeit durch die Gnade der Gotteskindschaft, der Koinonia und der Vergottung.

Orthodoxe Anthropologie der Gegenwart
in der Sicht eines evangelischen Theologen

FRIEDRICH HEYER

I.

1832 hat der katholische Tübinger Professor Johann Adam Möhler seine „Symbolik" herausgegeben, in der er Katholizismus und Protestantismus als zwei in sich verstrebte Systeme einander gegenüberstellte, in denen jeweils *ein* Prinzip alle Einzelheiten der Lehre bestimmt und gegensätzlich macht, ein katholisches Prinzip und ein evangelisches Prinzip. Möhler verlegte diesen prinzipiellen Gegensatz in die Anthropologie. Nach katholischer Urstandslehre ist Adam im Paradies heilig, aber nicht aus Naturkräften. Übernatur ist ihm beigelegt. Seine Heiligkeit ist ein von Gott hinzugegebenes Geschenk. Wenn der Sündenfall eintritt, bleibt doch das imago-hafte Wesen des Menschen unbeschädigt. Die lutherische Urstandslehre sieht Möhler dagegen so: Adam ist heilig, aber von Natur. Seine Heiligkeit ist nicht akzidentiell, sondern essential. Folglich zerstört der Sündenfall die imago Dei. Von hier aus greift Möhler weiter. Nach ihm stellt die lutherische Leugnung der Freiheit beim gefallenen Menschen diesen außerhalb aller Verantwortung. Die Lehre von der Erbsünde scheint ihm bei den Lutheranern so zugespitzt, daß, wo die Natur des Menschen selbst für korrumpiert und das anerschaffene, zu seiner Natur zugehörige Organ für Gott für verloren gelten muß, das wahre Ebenbild des Teufels im Menschen fortgezeugt wird. So kann die Erbsünde selbst nicht durch die Wiedergeburt aus dem Menschen verschwinden. Die Katholiken dagegen lassen auch beim gefallenen Menschen den Übergang von der Erbsünde zur wirklichen Sünde durch die Freiheit vermittelt sein. Im Luthertum werden die Sünden nur als einzelne Erscheinungen der Erbsünde aufgefaßt. Gott hat mit der Auslöschung der gottesebenbildlichen Natur einen mechanischen Akt am Menschen verübt. Nun kann von Adam bis Christus eigentlich nicht mehr von Sünde gesprochen werden. Alles moralische Übel wandelt sich in ein physisches um. Von dieser Deutung des katholisch-evangelischen Gegensatzes als eines anthropologischen gehen Linien aus zu allen dogmatischen Kapiteln bis hin zur Ekklesiologie. Überall spiegelt sich nach der Auffassung Möhlers der gleiche lutherische Grundfehler.

Seit Möhler ist der Verdacht geweckt, der Gegensatz zwischen den getrennten Kirchen wurzele — bisher unerkannt — in der Anthropologie, in einem Lehrstück also, das während des Trennungsgeschehens selbst gar nicht in Diskussion geriet. Kein Ökumenisches Konzil definierte darüber dogmatische Sätze, Johannes Damaszenus widmete dem kein Kapitel. Auch in den orthodoxen Confessiones des 17. Jh.s findet es keine Behandlung. Bisher liegen von orthodoxer Seite nur subjektive Theologenmeinungen vor, noch unverbindlich für die universale Kirche. Auch orthodoxe Theologen vermuten, der evangelisch-orthodoxe Unterschied könne anthropologisch begründet sein. Nicolae Balca, Bukarest, sagt: „Die Lehre vom Menschen bestimmt das Schicksal der Theologie." Die Symbolik Möhlers lieferte nicht nur dem Weltkatholizismus ein Jahrhundert lang seine Protestantismusdeutung, sie lieferte auch der Orthodoxie des 19. Jh.s Argumente für den Ausbau ihrer „vergleichenden Theologie" (Sravnitel'noe bogoslovie). Bei Nikos Nissiotis findet sich davon ein Nachhall, wenn er evangelische Anthropologie als „einseitig" apostrophiert, weil sie die Interpretation des menschlichen Wesens „allein auf die Sündhaftigkeit des Menschen gründe". „Dann wird der Mensch in seine eigene Unfähigkeit eingeschlossen". In der Form des Protestes dagegen führe das im protestantischen Bereich zu einem „verkleideten Humanismus", der (in Gestalt der Rechtfertigungslehre) Befreiung von jeglicher göttlicher Autorität sucht"[1].

Auf der anderen, der lutherischen Seite ergab sich mit anderen Vorzeichen eine analoge Kritik der orthodoxen Anthropologie, als man im Zuge näherer Bekanntschaft entdeckte, daß die Orthodoxie den Menschen eines „synergein" mit Gott für fähig hält. Das rührt an einen neuralgischen Punkt der eigenen abendländischen Theologiegeschichte. Augustin hatte über den synergistisch lehrenden Pelagius triumphiert. Doch das Verlangen, der Aktivität des Menschen einen Raum zu geben, wirkte in der abendländischen Theologiegeschichte weiter und führte bei St. Thomas zu einem System, in dem das souveräne Wirken der göttlichen Gnade in Etappen aufgeteilt wurde, zwischen die sich jeweils eine von der Gnade ermöglichte synergistische menschliche Aktivität einschob, mit der ein meritum erworben wurde. Die Reformation setzte demgegenüber Augustin wieder in volle Geltung. Im orthodoxen Osten aber lebt — so urteilt der evangelische Theologe — Pelagius in aller Harmlosigkeit unkritisiert weiter, ja, hier hat sich nicht einmal ein Problembewußtsein ausgebildet. Der serbische Apologet Lazar Milin nahm den orthodoxen Synergismus dem protestantischen Angriff gegenüber halbwegs zurück, als er sagte: „Mitwirkung des Menschen beim Heil? Nein! Zusammenarbeit des Menschen mit Gott in Gestaltung der Schöpfung! Oder so wie es Paulus meint, wenn er sagt: ‚Wir sind Mitarbeiter Gottes'". Lazar Milin treibt Apologie am falschen Platz! Denn der

---

[1] N. Nissiotis, Die Theologie der Ostkirche im Ökumenischen Dialog. Kirche und Welt in orthodoxer Sicht, Stuttgart 1968, 33.

orthodoxe Synergismus läßt den Menschen tatsächlich am Heil mitwirken. Synergistisch ist die Erlösung des Menschen von vornherein zustande gekommen. Bischof Isidor von Reval sieht die Zusammenhänge so: „Schon nach dem Sündenfall wies der Herr auf den weiteren Gang des menschlichen Lebens auf Erden als auf einen Kampf zwischen dem Samen des Teufels und dem Samen des Weibes hin, welcher mit der Niederlage des Ersteren, durch die Kraft des Zweiten, des Erlösers, der aus der Gottesmutter geboren ist, enden wird. Folglich bereitete sich schon in Eva die ganze Menschheit zum Kampf gegen das Böse und zum Siege darüber in der Kraft Christi". Bischof Isidor sieht in der Fluchtlinie der geistlichen Mühen der ganzen Menschheit die Jungfrau stehen, die auf den Anruf des Engels ihr mit Gott kooperierendes „fiat" sprach. Damit Christus werden konnte, mußte das göttliche „fiat" mit dem menschlichen synergistisch zusammentreffen. Die Kooperation, die Gott aufnahm, um die Erlösung herzustellen, ist nach orthodoxer Meinung auch nicht nur auf die Humansphäre begrenzt. Der Gesang des Christgeburtsfestes läßt Engel und kosmische Kräfte mitwirken:

> Was bringen wir dir, Christus,
> da du erscheinst auf Erden als Mensch unsertwegen?
> Jedes deiner Geschöpfe bringt dir etwas:
> Die Engel — die Hymnen, die Himmel — den Stern,
> die Weisen — Geschenke, die Hirten — das Staunen,
> die Erde — die Höhle, die Einöde — die Krippe,
> wir aber — die Mutter Jungfrau.

Die synergistische Konzeption wird durch die Katechesen des Kyrill von Jerusalem, die in der Orthodoxie lebendig geblieben sind, gespeist (1,31): „Wie diejenigen, welche einen Feldzug unternehmen wollen, bei der Musterung Alter- und Körperbeschaffenheit der Soldaten feststellen lassen, so prüft der Herr die Seelen, wenn er sie aushebt, auf ihre Bereitwilligkeit. Den, bei welchem er Heuchelei versteckt findet, weist er zurück, da er in ein richtiges Heer nicht paßt. Trifft er einen Würdigen, dem schenkt er gerne seine Gnade. Nicht gibt er das Heilige den Hunden, sondern, wo er gute Absicht wahrnimmt, da gibt er das heilsame, wunderbare Siegel, vor dem die Dämonen zittern und das die Engel kennen. Wer dieses geistige, heilsame Siegel empfängt, muß also seinerseits auch einen guten Willen mitbringen. Geradeso wie der Griffel oder die Waffe der führenden Hand bedarf, so bedarf die Gnade einer gläubigen Hingabe". — Im Blick auf diese orthodoxe Orientierung erhebt sich der lutherische Vorwurf, hier herrsche ein zu optimistisches Menschenbild.

Als Ziel des orthodox-evangelischen Gesprächs über die Anthropologie könnte man ansprechen, den in diesem Lehrpunkt gegeneinander gehegten Häresieverdacht auszuräumen. Gewiß, es läßt sich in dieser Richtung etwas tun. Der orthodoxe Verdacht gegenüber den Lutheranern, sie sähen in der Sünde das Wesen des Menschen selbst, ist nichts anderes als eine katholische Argumentation, jetzt von orthodoxer Seite angewandt, und läßt sich angesichts evangelischer Bekenntnistexte nicht aufrechterhalten. Schon die Konkordienformel (Solida Declaratio) stellt fest, die verderbte Natur werde zwar durchs göttliche Gesetz unter Anklage gestellt, nicht aber, sofern das Wesen des Menschen doch auch nach dem Fall immer noch Kreatur Gottes sei, sondern sofern die Natur durch Sünde vergiftet sei. Das geschöpfliche Wesen und die alles vergiftende Erbsünde seien aber nicht *ein* Ding, ebensowenig wie in einem aussätzigen Leib nicht Aussatz und Leib ein Ding seien[2]. Umgekehrt läßt sich die orthodoxe Synergismuslehre gegenüber den Lutheranern entschuldigen. Wir müssen uns dessen bewußt bleiben, daß die orthodoxen Gläubigen aus diesem Stück Mitarbeit mit Gott nie ein meritum gemacht haben. Von Synergismus wird unter ihnen nur mit der Intention gesprochen, Gott zu verherrlichen, der den Menschen der Mitarbeit würdigt, nicht aber, um dem Menschen Terrain unter die Füße zu schieben, auf dem er Gott gegenüber stehen könnte.

II.

Doch ein Ausgleich in den unterschiedlichen anthropologischen Positionen ist so nicht zu erreichen, und zwar deshalb nicht, weil es sich in Ost und West um zwei voneinander ganz verschiedene Anthropologien handelt: Im Abendland um das Bild des *alten* Menschen, in das die Vorgänge eingezeichnet werden, durch die der alte Mensch in Christus neu werden kann. Im Osten aber handelt es sich um ein Bild des in Christus neuen Menschen, der seit der Inkarnation Gottes alleinige menschliche Wirklichkeit ist. Von da aus erscheint es müßig, sich in den alten Menschen zurückzuversetzen, womöglich sogar in seinen Urstand. Insofern gibt es für die Urstandslehre der abendländischen Dogmatiken in der Orthodoxie keine Entsprechung[3]. Dem evangelischen Theologen bleibt so nichts anderes übrig, als sich über den Zaun zu schwingen und die orthodoxe Anthropologie des neuen Menschen als Lutheraner nachzuverstehen.

Im August 1969 fand in Lamia ein orthodoxes Theologensymposion mit

---

[2] Ausgabe 1930, 854 u. 896.

[3] Panagiotis Trembellas, Dogmatique de l'église orthodoxe catholique, I 1966, 531, bietet eine orthodoxe Urstandslehre, die sich aber anhand von Väteraussagen dem Problem widmet, ob das Paradies zur Schöpfung gehöre oder nicht, nämlich im Himmel sei, und entscheidet sich für das erstere: Die Paradiesströme seien noch zu sehen. Die Alternative, die sich in der abendländischen Urstandslehre auftat, verlangt Trembellas keine Entscheidung ab. Die Heiligkeit im Urstand könne ebensogut natürlich wie übernatürlich genannt werden (a.a.O. 559).

anthropologischer Thematik statt: Der Mensch nach dem Bilde Gottes. Das eindrucksvolle Referat des serbischen Hieromonach Athanasius Jevtić sah in der Identität der in der Schöpfung dem Menschen verliehenen imago Dei mit Christus das anthropologische Fundamentalprinzip[4]. Nimmt man das an, ist entschieden, daß, wer Anthropologie treibt, ohne den Menschen in seiner soteriologisch qualifizierten Beziehung zu Schöpfung und Erlösung zu sehen, von vornherein den Schlüssel beiseitegelegt hat, der allein helfen könnte, das Wesen des Menschen zu erschließen. Die Schule des Justin Popović, der Jevtić zugehört, spricht, einen Ausdruck des Maximus Confessor aufgreifend, von einer „Logosität" (logosnost') des Menschen. Von daher ist der Mensch auf participatio am Logos angelegt, wie umgekehrt der Logos durch participatio an der Menschheit deren Status determiniert[5]. In einem solchen Zusammenhang muß die Schöpfung des Menschen von vornherein soteriologisch gedeutet werden. So greift Jevtić auf Gregor Palamas zurück, der sagt, der Mensch sei nach Gottes Bild geschaffen, damit er in sich dem Archetypus des Menschen, nämlich Christus, Platz in sich bieten könne[6]. Wenn das Bild Gottes, das dem Menschen unwiderrufbar eingestiftet ist, lebendig heraustritt, das heißt, wenn der Mensch Christo gleichgestaltig (symmorphos — Röm 8,29) geworden ist, dann bietet er das Antlitz Gottes selbst dar. Er stellt Christus dar, ganz gemäß dem Ursprungbild, nach dem er geschaffen ist und auf das alle seine Aspirationen zielen[7].

Jevtić exegesiert Joh 1, 18 dahin, daß wir nicht nur von Gott, sondern auch vom Menschen nur das wissen können, was Er uns offenbart. Seine „Inhominisation" ist die einzig zutreffende Interpretation des homo. Der menschgewordene eingeborene Sohn liefert insofern den Kommentar zum menschlichen Wesen, als er in unser Wesen eintritt, in unser Leiden, in unseren Tod, selbst in unsere Hölle, aber sich in alledem zum „Menschen" transfiguriert und in sich

---

[4] Trembellas sieht in der imago gleichfalls die fundamentale Aussage, spitzt aber darauf zu, daß sich die imago nicht auf etwas Zusammengesetztes beziehen kann, also nicht auf Körper *und* Seele des Menschen, sondern, da Gott selbst einfach sei, nur auf die Seele (a.a.O. 552).
Im Gegensatz dazu hat V. Nesmelov, Inhaber des Lehrstuhls für Philosophie an der Geistlichen Akademie Kazan', in seinem Werk „Nauka o Čeloveke" (Die Wissenschaft vom Menschen, 2 Bde, 1897—1902), das Georgij Florovskij 1971 einer Neuausgabe gewürdigt hat, in abgründigem Mißtrauen gegen die Metaphysik und entschiedener Wendung zur Empirie den Menschen in seinem Selbstbewußtsein entdecken lassen, daß er *zugleich* der materiellen Welt zugehöre und Person sei. Die imago ist hier mit dem Person-Sein identifiziert.
[5] A. Yevtitch [Jevtić], L'homme en Christ et l'homme dans l'existentialisme contemporain = Contacts 81, 1973, 39 f.
[6] A. Jevtić 34.
[7] A. Jevtić 35.

dem Menschen zur Auferstehung verhilft. In der Lieferung dieser ganz persönlichen, Gott gehorsamen, doch selbstschöpferischen Auslegung des Menschseins offenbart sich uns zugleich das ganze Geheimnis Gottes und das ganze Geheimnis des Menschen. Christus hat sich zwar schon seit Beginn der menschlichen Geschichte als Schöpfer offenbart, aber diese Offenbarung als Mensch unter Pontius Pilatus vervollständigt.

Nicht anders deutet es ein Gesang des Hesperinos des orthodoxen Verklärungsfestes (Metamorphosis):

> Der dereinst zu Mose durch Symbole auf dem Berg Sinai sprach
> „Ich bin, der ich bin"
> und sich heute auf dem Berg Tabor vor den Jüngern transfiguriert,
> zeigt an sich selbst die Schönheit des archetypischen Bildes,
> darin das Wesen des Menschen offenbarend[8].

Das ganze Problem des Menschseins zieht sich nach Jevtić auf den einen Punkt zusammen, sich in Christo zu finden. Denn Christus hat als Schöpfer den Menschen dazu geschaffen, daß er ihn in sich einhypostasiere[9], ihn in dieser Weise zur Theosis führe, besser gesagt, ihn theandrisiere[10]. Der christologische Dyophysitismus, mit dem das Konzil von Chalkedon die Einheit der göttlichen und der menschlichen Natur Christi beschrieb, überträgt sich von Ihm als dem Haupte auf uns[11].

Der jüngst in Paris verstorbene russische Theologe Pavel Evdokimov gibt der Anthropologie eine Basis in der Ontologie. Imago bedeutet nach ihm ontologische Gottförmigkeit. Daß das Gottesbild im Menschen und dementsprechend das Menschenbild in Gott ist, ist ontologischer Ermöglichungsgrund für die Vereinigung von Gottheit und Menschheit in der Inkarnation. Die orthodoxe Betrachtungsweise des Menschen kennt zwar eine Pluralität von Daseinsebenen und Äonen, jedoch die Deutung des Menschen erfährt dadurch keinen Bruch. Kontinuität setzt sich durch alles durch. Wenn die Orthodoxie von etwas Unzerstörtem im gefallenen Menschen spricht, sieht sie jedoch nie konservierbare und pflegbare Reste, sondern stets in der eschatologischen Perpsektive die Vorgegebenheit des künftigen Neuen[12].

Um dies in einem Bild auszudrücken, nutzt Evdokimov die Auslegung des Gleichnisses vom verlorenen Groschen des Nikolaos Kabasilas: „Es ist der Meister, der sich zur Erde gebeugt hat und sein Bild wiedergefunden". Wohl ist der

---

[8] A. Jevtić 35 ff.
[9] Nach Maximus Confessor = PG 91, 1092.
[10] „Theandrisieren" ist ein vom Popović-Kreis oft gebrauchter Ausdruck.
[11] A. Jevtić 38 und 45.
[12] P. Evdokimov, L'Orthodoxie, Paris 1959, 92 u. 95.

36

Groschen mit Schmutz beschmiert. Aber das aufgeprägte Bild — die imago — ist Voraussetzung dafür, daß der Meister den Groschen wiederfinden kann[13].

Der Gedanke einer dem Menschen eingestifteten imago, die dadurch, daß Christus die Menschheit annahm, wieder ihren vollen Glanz zurückgewinnen kann, ist innerer Kern auch der „photographischen Parabel", die Leo Zander mit Vorliebe gebrauchte: Es handele sich beim Heilwerden des Menschen um einen ähnlichen Vorgang wie bei der Entwicklung einer bereits belichteten photographischen Platte. Das Bild ist auf der Platte schon vorhanden, aber noch nicht sichtbar. Es gilt, die Platte erst zu entwickeln und dann zu fixieren.

Evdokimov weist auch auf des Nikolaos Kabasilas Metapher vom Embryo: „Den innerlich ganz neuen, nach Gott geschaffenen Menschen trägt diese Welt im Schoße. Und ist er hier gebildet und geformt, dann wird er, vollkommen geworden, in jenen vollendeten und ewig jungen Kosmos hineingeboren. So wie die Natur den Embryo, solange er ein dunkles und eingezwängtes Dasein führt, auf das Leben im Lichte hin bereitet und gleichsam nach dem Maßstab des nachherigen Lebens bildet, so geschieht es auch mit den Heiligen". Die Analogie zum Embryo wird freilich an einem Punkte aufgehoben: Dem Embryo kommt sein nachheriges Leben jetzt noch nicht zum Bewußtsein. Den Heiligen aber ist es „schon während des irdischen Daseins möglich, jenes Leben zu leben und aus ihm zu wirken und nicht nur sich darauf hinzuordnen[14]".

Nach Nissiotis wiederholen sich im Menschen die innerhalb der Trias herrschenden Relationen, aus denen sein Wesen hervorgegangen ist[15]. Um die göttliche Trias vollständig zu machen, mußte der Geist als Dritter hinzukommen. So wird dem göttlichen Pneuma die Aufgabe zugewiesen, den Menschen zu „vervollständigen". Der Protestantismus neigt nach Nissiotis zu einem gewissen Christomonismus. Es ist die Schwäche jeder christomonistischen Tendenz in der Anthropologie, daß das Werk des Pneuma übersehen wird[16].

Dieser Betrachtungsweise wird eine exegetische Grundlage in der Auslegung von Gen 1, 26 gegeben. Die orthodoxe Exegese reißt dabei die beiden Begriffe eikon und homoiosis (imago und similitudo) auseinander, gibt ihnen einen distinkten Sinn und entwickelt eine besondere Lehre, derzufolge die Gottesebenbildlichkeit unverlierbar und statisch, die Gottesähnlichkeit aber dynamisch zu verstehen ist. Nach Zenkovskij zeigt die Forderung nach homoiosis die dem Menschen in seinem Leben gestellte Aufgabe[17]. Nach Evdokimov wird die

---

[13] N. Kabasilas, Vom Leben in Christo, dt. Übersetzung, 16.
[14] N. Kabasilas, a. a. O.
[15] N. Nissiotis 35.
[16] N. Nissiotis 49.
[17] W. Gass, Symbolik der griechischen Kirche, Berlin 1872, 150; Metropolit Seraphim, Die Ostkirche, Stuttgart 1950, 41; P. Evdokimov, Grundzüge der orthodoxen

Ähnlichkeit mit Gott im Prozeß der Heiligung, in der Erfüllung des Ethischen gewonnen. Verknüpfend mit Zanders photografischer Parabel müßte man sagen: imago ist das auf der Platte enthaltene aber unentwickelte Bild. Entwicklung und Fixierung ist Gewinn der similitudo.

Es nimmt nicht Wunder, daß eine Anthropologie, die so angelegt ist, in der Hagiologie mündet. Es ist der orthodoxe Heilige, an dessen Vita man abliest, wie der Prozeß des homoiosis-Gewinns abläuft. Die katholische Heiligenverehrung ist um eine Nuance anders. Sie haftet noch an der Perspektive der lapsi der imperialen Verfolgungszeit, die das Bestehen der Martyriumsprobe durch die Heiligen als heilsverbürgend, aber auch als übernormal erfuhren. Romano Guardini apostrophiert das Wesen der Heiligen als das Außergewöhnliche. Wir gewöhnlichen Christenmenschen bleiben unterhalb der Norm. Dagegen stellen die Heiligen nach Vladimir Losskij die Norm des Menschlichen dar. Die Wunder, die sie vollbringen, zeigen an, daß die Norm des Menschlichen zu ihnen zurückgekehrt ist. Nach Jevtić repräsentieren die Heiligen quer durch die Jahrhunderte den in der Welt anwesenden Christus selbst.

Unter Nutzung der sprachlichen Identität von eikon (imago) = Ikone werden die Denkgewohnheiten der orthodoxen Ikonentheologie anthropologisch gewendet, insbesondere, wo es sich um die Heiligen handelt. Jevtić kann sagen: „Durch die Heiligen als lebendigen Ikonen des Antlitzes Gottes scheint die imago Dei auf Christus, der der Archetypus des Menschen ist[18]."

III.

Die Erfahrung mit dem Menschen, die sich im Evangelium niedergeschlagen hat und die den Orthodoxen Jahrhunderte hindurch bestätigt wurde, schließt — nach Jevtić — aus, daß der Mensch je „autonom" werden könnte, das heißt, daß er auf sich allein stünde, unabhängig von Gott, dem Logos, sich selbst genügend in einer scheinbaren „Freiheit". Denn der Anspruch, ein solcher Mensch zu sein — ohne Christus — bringt es nur bis zu einem Anschein von Freiheit, und diese ist jedenfalls usurpiert und führt unvermeidlich zum entgegengesetz-

---

Lehre = Die Russische Orthodoxe Kirche in Lehre und Leben, hrsg. R. Stupperich, Witten 1966, 74; B. Zenkovskij, Das Bild vom Menschen in der Ostkirche. Grundlagen der orthodoxen Anthropologie, Stuttgart 1951, 17. Vgl. den 1964 posthum herausgegebenen Band II der Religionsphilosophie Zenkovskijs (russisch), der der Anthropologie gewidmet ist. Die Erfahrung menschlicher Ungerechtigkeit im deutschen Konzentrationslager während des 2. Weltkrieges und die abendländisch-theologische Umgebung in Paris ließ Zenkovskij allerdings Elemente westlicher Anthropologie aufnehmen. Der Mensch, obwohl imago seinem Wesen nach, ist in allen seinen Funktionen, auch in seiner Erkenntnisfähigkeit, entstellt.

[18] A. Jevtić 34 unter Berufung auf Gregor den Theologen = PG 36, 48 und Joh. Damascenus = PG 96, 552.

ten Ergebnis, nämlich zur Sklaverei des Menschen unter die „alogosischen" Gesetze des Teufels, anders gesagt, zur Entmenschlichung[19]. Hier lebt bei Jevtić eine Polemik gegen die humanistische Tradition des Abendlandes auf. Dostojewski durchstand die Versuchung zum europäischen „Humanismus", aber wurde durch die Orthodoxie gerettet[20].

Das Thema „Mensch ohne Christus" gehört für den orthodoxen Theologen im Grunde gar nicht mehr zur Anthropologie. Sich in den alten Menschen zurückzudenken wäre eine überflüssige Denkübung, denn sie träfe auf keine Wirklichkeit, seit Christus die Menschheit als solche angenommen hat. Menschliches, das nicht in Christus ist, wird darum auch wenig systematisiert. Die katholische Position, die sagt, daß die imago im Fall immerhin geschwächt sei, wird nicht zur Kenntnis genommen. Ohne Christus, seiner Logosität beraubt, besitzt der Mensch überhaupt nicht die authentische menschliche Natur. Er ist „Nichtmensch" wie der blasphemische Schächer zur Linken[21]. Die Sünde hat nicht teil am Sein[22].

Desto mehr hat der Teufel hier sein Regiment. Ohne Christus bleibt das Wesen des Menschen nicht lange unbewohnt. Die sieben Geister, schlimmer als der erste, werden kommen[23]. Schon die Ursache, die zum Fall des Menschen führte, liegt nach Nissiotis „außerhalb des menschlichen Wesens". „Um das biblische Verständnis vom Sündenfall zu erfassen, muß man die Existenz des Bösen in der konkreten Gestalt des Teufels akzeptieren, der den Menschen veranlaßt, gegen Gott zu handeln. Ohne diese Voraussetzung ist keine Erklärung des Falls als etwas, das durch eine von außen kommende Macht verursacht wurde, möglich[24]". Nach Jevtić ist es des Teufels Werk, den Menschen eine Deifikation ohne Deus zu empfehlen[25]. Damit bestätigt der Teufel freilich, daß der Mensch von seiner Bestimmung zur Theosis gar nicht loskommen kann. Es ist jedoch eine gelogene Theosis, die so erreicht wird.

Wo der Mensch entgegen seinem Menschsein sich gegen Christus entscheidet, ist nicht etwas eigentlich in ihm, etwas zum anthropologischen Bestand Gehörendes, aktiviert, sondern der Teufel überwältigt den Menschen. Das bestätigen die Fresken der Athos- und Moldauklöster, wenn sie die zum Himmel führende Skala darstellen, die der Mensch emporsteigt. Engel und Teufel haben hier keine analogen Funktionen: Die Teufel fassen den Menschen an und reißen ihn

---

[19] A. Jevtić 41.
[20] A. Jevtić 30.
[21] A. Jevtić 40 u. 23.
[22] B. Zenkovskij 6.
[23] A. Jevtić 41.
[24] N. Nissiotis 43; vgl. P. Trembellas 586.
[25] A. Jevtić 39.

dort hinunter, wo er ohne diese intervenierende Gewalt nicht hinunter geraten würde. Die Engel fassen den Menschen nicht an, sondern jubeln nur über sein selbsttätiges Aufwärtsschreiten.

IV.

Stellen wir den Entwurf der Orthodoxie den abendländischen Anthropologien gegenüber! Die ältere römisch-katholische Schule, von der Neuscholastik bestimmt, unterscheidet Natur und Übernatur. Sie bildet die Natur des Menschen als in sich geschlossenen Seinsbereich aus, der in seiner Gesamtheit, soll das Ziel der Seligkeit erreicht werden, von der Übernatur umfaßt und auf eine höhere Seinsebene gehoben werden muß. Die Orthodoxie vermeidet die Zweistufung. Evdokimov sagt, im Akt des Schöpfers, der die Natur schafft, liege zugleich angewandte Gnade. Eine Natur, von der die Gnade abwesend wäre, sei dem orthodoxen Theologen nicht vorstellbar. Darum: „Die Gnade ist immer conatural, auf wunderbare Weise der Natur natürlich. Die Natur trägt in sich ein Bedürfnis nach Gnade, und daß ihr diese Gabe gegeben ist, macht sie von vornherein charismatisch". Die Annahme der Menschennatur durch Christus hat vollends diejenige Natur, die der Gnade konform ist, hergestellt. In der Askese macht sich ein Verlangen nach wahrer Natur bemerkbar. Ihr Kampf ist immer gegen die Deformation der Natur, nicht gegen sie selbst, gegen ihr spirituelles Prinzip gerichtet[26].

Soweit die jüngere katholische Anthropologie Blondel folgt und damit aus dem neuscholastischen Schema ausbricht, sieht sie die Natur nicht mehr als in sich geschlossen an, sondern der Übernatur bedürftig, auf diese hin angelegt. Karl Rahner deutet die Nichtchristen als „anonyme Christen", der Gnade teilhaftig. Nur steht noch das Ereignis aus, daß ihnen Christus in hinreichender Geschichtsmächtigkeit begegnet, so daß ihnen ihr Christsein reflex bewußt wird[27]. In einem anderen Text seiner „Schriften zur Theologie" findet Rahner in der „Heilssolidarität aller" einen anthropologischen Befund. Im Horizont der Heilssolidarität wird der Satz, daß Christus unser Mittler sei, überhaupt erst verstehbar[28]. Die jüngere katholische Schule ist der orthodoxen Anthropologie insofern näher gerückt, als sie keinen Vorwegentwurf vom Menschen unter Absehung vom soteriologischen Aspekt mehr kennt.

In der zeitgenössischen evangelischen Theologie lassen wir vier anthropologische Entwürfe unterscheiden.

Karl Barth kommt der Orthodoxie nahe, wenn er sich von allen Anthro-

---

[26] P. Evdokimov, L'Orthodoxie, Paris 1959, 92 ff.
[27] K. Rahner, Schriften zur Theologie.
[28] K. Rahner, ebd.

pologien abgrenzt, die nicht einen christologischen Ausgangspunkt wählen. Barth erfaßt den Menschen nicht in seinem von seiner Autonomie aus entworfenen Selbstverständnis, sondern: „Die ontologische Bestimmung des Menschen ist darin begründet, daß in der Mitte aller übrigen Menschen *einer* der Mensch Jesus ist". Jeder Mensch ist von daher Mitmensch Jesu[29]. Menschsein hat nach Barth, wie alles geschaffene Sein, Sein vom Gottsein Gottes. Sein zu gewinnen ist dem Menschen nur durch In-Christus-Sein möglich. Jesus Christus ist der „Raum" des Seins. Ein immanenter Ansatz verbietet sich[30].

Doch im Unterschied zur Orthodoxie ist die Gottebenbildlichkeit des Menschen von Barth als relationale Struktur verstanden, nicht identifikatorisch.

Wenn ich die Orthodoxie hier als identifikatorisch klassifiziere, so bin ich mir natürlich doch bewußt, daß sie die Grenzlinie zwischen Schöpfer und Geschöpf nicht verwischt. Losskij sichert sich ab, indem er darauf hinweist, daß sich der Christ bei der Einigung mit Gott ja nur mit dessen Energien, nicht mit seiner Ousia eint. Sonst wäre Gott ein Gott in unendlich vielen Hypostasen. Die trinitarischen Hypostasen heben sich durch ihre singulären Ausgänge vom vergotteten Menschen ab. Trembellas betont im Anschluß an Clemens von Alexandria und Theodoret: nicht in allen Punkten sei der Mensch fähig, die similitudo mit Gott zu erreichen[31].

In Rudolf Bultmanns theologischem Denken ist die Anthropologie die alles mitentscheidende Komponente. „Soll die Theologie nicht über Gott spekulieren, vom Gottes-*Begriff* reden, sondern vom wirklichen Gott, so muß sie, indem sie von Gott redet, zugleich vom Menschen reden[32]", das heißt, die existentielle Situation des Menschen einschließen. Gott hat Geschichte und gibt dem Menschen Geschichte, und das Reden von Gott und dem Menschen kann sich nicht außerhalb dieser Geschichte aufhalten. Der Mensch, in Geschichte verstrickt und Geschichte entwerfend, fragt eben darum nach sich selbst bzw. nach Gott, der als der ständig Zukünftige transzendent bleibt. Und doch weiß der Mensch, „wer Gott ist, nämlich in der Frage nach ihm[33]".

Friedrich Gogarten erarbeitete den konsequentesten Entwurf einer personalistischen Anthropologie. Wenn die Menschenwirklichkeit von Gottes Wort qualifiziert wird, ist es eine theologische Aufgabe, dieses Feld, in das das göttliche Wort hineinwirkt, aufzuarbeiten. Der dialogische Personalismus der Sprachphilosophen lieferte Gogarten dafür die Konkretion. „Der Mensch hat

---

[29] G. Hummel, Theologische Anthropologie und die Wirklichkeit der Psyche, Darmstadt 1972, 8.
[30] K. Barth, Kirchliche Dogmatik III 1, 46; G. Hummel 25.
[31] Trembellas 223 u. 28; 557.
[32] R. Bultmann, Glauben und Verstehen, I 117; vgl. G. Hummel 40.
[33] G. Hummel 45.

keine andere Wirklichkeit außer seinem Angesprochenwerden durch den andern". Der Mitmensch, sprachlich vermittelt, konstituiert das Menschsein. Das macht Gogarten für das Angesprochensein durch Gottes Wort fruchtbar. Vielleicht hat Karl Heim in seiner Kritik etwas ausgedrückt, was auch die Orthodoxie an Gogarten kritisieren würde, nämlich daß hier über dem rein profanen Verständnis der Ich-Du-Relation ein theologischer Oberbau gewaltsam aufgeführt ist. Die Prinzipialisierung der Ich-Du-Relation macht sie offen für historisch gewandelte Konkretionen des Du-Anspruchs. Hier kann bei Gogartens Entwurf die Geschichtlichkeit des Menschen zur Geltung gebracht und die Abstraktion durchbrochen werden[34].

Der evangelische Personalismus, der bei Gogarten bemerkbar ist, wird von Paul Tillich ontologisiert. Tillich macht den Menschen zu einem speziellen Fall des Seins. Person-Sein ist ein Sein, genau „dasjenige Seiende, das die ontologische Frage stellt, und in dessen Selbstgewahrwerden die ontologische Antwort gefunden werden kann". Fraglichkeit und Endlichkeit des Menschseins interpretieren sich gegenseitig[35].

Wie unterschiedlich die Ansätze evangelischer Anthropologie auch sein mögen, so verstehen sie imago Dei doch immer als relationale Struktur: Barth christologisch, Bultmann existential, Gogarten personal, Tillich ontologisch. Man könnte weitere evangelische Zeugen hinzuziehen. Regin Prenter schreibt: Imago Dei ist keine Qualität des menschlichen Wesens, sondern das wahre Verhältnis des Menschen zu Gott und damit auch zu seinem Mitmenschen. Der Sündenfall ist die Verzerrung des wahren Verhältnisses. Die imago geht nicht verloren, sondern wird in ihr Gegenteil verkehrt[36]. Otto Weber sagt: „Imago Dei ist nichts als Antwort auf die dem Geschöpf zuerst und schlechthin überlegen gewährte Zuwendung Gottes zu ihm. Sie ist daher kein dem Menschen inhärierender Besitz" (Analogia relationis)[37]. Immer sind zwei Perspektiven zugleich gültig, von denen eine die imago verlierbar, die andere unverlierbar erscheinen läßt.

Das ist aber nicht der einzige Unterschied evangelischer Anthropologie gegenüber der orthodoxen. Orthodoxe Anthropologie läßt die Imago-Vorstellung in einer Abstraktion stehen, die die faktische Geschichtlichkeit des Menschen von sich fern hält. Evangelische Anthropologie kann den Menschen nie in der Weise wie die Orthodoxie als bereits freigelegte Kaine ktisis sehen, die vom Alten Menschsein völlig abgelöst ist. Heilserfahrung ist Umschlag aus der Unheilserfahrung, die immer, obwohl überwunden, gegenwärtig bleibt. Glaube ist

[34] G. Hummel 80 ff.
[35] G. Hummel 167.
[36] RGG³ I, 420 ff.
[37] O. Weber, Grundlagen der Dogmatik IV 1, 2 § 2.

von Anfechtung begleitet. Der Begnadung ist die Sünde, die einmal geschehen ist, obwohl vergeben, immer noch als Realität beigesellt. Es ist kein Zufall, daß sich die Orthodoxie gegen ein Verständnis des Menschen als simul iustus et peccator wehrt.

In den Äußerungen der Frömmigkeit tritt der Unterschied in den Strukturen theologischen Denkens, der zu registrieren war, zurück. Dann können wir miteinander das Idiomelon der Nonne Kassiani zum Karmittwoch beten, das uns mit der „großen Sünderin" identisch werden läßt:

Die auf vielen Taten der Sünde einstens fiel,
die deine Gottheit dann erkannte,
die sich dem Dienst des Myrontragens unterwirft —
dies Weib bringt dir Salben dar . . .
Wehe mir!
ruft sie dabei aus . . .,
meiner Missetaten Unzahl und deiner Gerichte Abgründe,
wer mag beides zu ermessen?

Das orthodoxe Verständnis des Menschen in der neuzeitlichen Theologie

DAMASKINOS PAPANDREOU
Metropolit von Tranoupolis

1. Als sich 1948 der Weltkirchenrat konstituierte, ging es um die Welt vor Gott. Konnte Amsterdam sich noch zum „Jahrhundert der Kirche" rechnen und die Kirche zum Zentralthema erheben, so hat sich inzwischen die damalige, scheinbar einfachere Weltsituation geändert und zugleich verschärft. Das ökumenische Anfangserlebnis scheint vorbei zu sein. Nicht mehr die Welt vor einem traditionellen Gott des Glaubens und die Welt vor einer als Selbstverständlichkeit aufgefaßten Kirche ist die Perspektive, sondern die Spannung zwischen Kirche und Welt, Gott und Mensch.

Der Irrtum des heutigen, verweltlichten Menschen scheint nicht ein „theologischer", sondern ein „anthropologischer" zu sein. Er setzt nicht eine Erlebnisbeziehung des Gläubigen zu seinem Gott voraus, sondern drückt sich durch eine gleichgültige und passive Haltung jeder metaphysischen Realität gegenüber aus, durch Ablehnung des persönlichen Gottes und selbstgenügsame, gottverachtende Isolierung, durch ein tragisches Suchen nach dem unbekannten Gott inner- oder außerhalb der Kirche oder durch Bemühen und Sehnsucht nach Wiederherstellung seiner persönlichen Beziehung zu dem „toten" Gott seiner Kirche.

Heute geht es um den Menschen im Zeitalter der Wissenschaft und Technik, der seinen Orientierungspunkt verloren hat und der nicht weiß, wer er ist. Es geht um den Menschen, der nach Frieden sucht und nach Gerechtigkeit ruft, um den Verachteten und Benachteiligten, um den nach Menschenwürde Verlangenden, den tragisch einsam Isolierten. Es geht um die Verifikation des christlichen Glaubens an Gott, um die Kluft zwischen Gott und Mensch.

So tritt heute hinter gesellschaftlichen, soziologischen und anthropologischen Perspektiven die Theologie zurück. Der Ökumenismus scheint auf dem Wege zum Humanismus zu sein, weil er die Entwicklung zur kommenden Weltgemeinschaft, zur einen Menschheit beschleunigen will. Der Mensch wird mit und in der Welt gesehen, nicht ihr gegenüber. Der Mensch steht im Mittelpunkt der Erörterungen.

Eine vierjährige „Humanum-Studie" wurde innerhalb des Weltkirchenrates abgeschlossen und wird den Mitgliedskirchen zur Anregung übergeben werden[1]. Vom 2.—7. 9. 1973 fand in Bossey eine Studientagung statt über das Thema „Es geht um den Neuen Menschen". Die vielseitigen Auseinandersetzungen gehen heute so weit, daß der Mensch, das Subjekt der Glaubensaussage, gleichzeitig zum Inhalt dieser Aussage gemacht werden soll. Welches ist dieses Ich, das bekennt: „Ich glaube an einen Gott..."? Warum soll dieses Ich nicht zum Teil des Bekenntnisses werden? Es wird also behauptet, daß der Mensch im Glaubensbekenntnis miteinbeschlossen werden kann, genauso wie Gott, Christus und der Heilige Geist, und man ignoriert dabei die Tatsache, daß die Menschwerdung Gottes mit der Menschwerdung des Menschen untrennbar verbunden ist. Es wird nicht genug darüber nachgedacht, daß der ganze Inhalt des Glaubens den Menschen voraussetzt und daß die Christologie im wesentlichen Soteriologie ist, denn sie gründet ihre Daseinsberechtigung auf den Versuch, eine Antwort auf die drängenden anthropologischen Fragen zu geben.

Auf der Suche nach dem neuen Menschen in Jesus Christus identifizieren manche Gott mit den Unterdrückten und die Botschaft des Evangeliums mit der Überwindung von Gewalt und Ungerechtigkeit. Die Gerechtigkeit wird manchmal mit der Rechtfertigung verwechselt, die politische Befreiung und der Sieg über die Armut mit der Erlösung. Die Fragen nach Gott und dem Menschen wurden zu situationsbedingten Fragen. Sie sind es natürlich auch, aber

---

[1] Vgl. Konrad Raiser, Prozeß für den Menschen = Evangelische Kommentare = P. Bratsiotis, Die Orthodoxe Kirche in griechischer Sicht, Stuttgart 1970, 40—52.

es wäre zu einfach, Gott und den Menschen aus der zeitbedingten Situation heraus bestimmen zu wollen.

Es ist sowieso nicht möglich, ein Bild des Menschen von Gott her zu definieren. Gott, dessen Bildnisträger der Mensch ist, kann und darf nicht in ein Bildnis eingefangen werden. Was das unfaßbare und unaussprechbare Gottesmysterium anbetrifft, so gilt auch heute noch der gewaltige Ausdruck des Gebetshymnus Gregors von Nazianz, eines der größten Kirchenväter des Ostens[2]:

„‚Jenseits von allem, was ist!‘ Wie anders kann ich Dich nennen?“
Wie soll Dich preisen ein Wort, da Du jedem Worte unsagbar?!
Wie soll Dich schauen ein Sinn, da Du jedem Sinne unfaßbar?!
Namenloser allein: Du west über aller Benennung;
Unerkannter allein: Du west über aller Erkenntnis.
Alles, was sprechen kann, preist Dich, und alles, was ohne die Sprache;
Alles, was denken kann, ehrt Dich, und alles, was ohne Gedanken.
Sehnsucht des Alls zielt nach Dir, nach Dir gehen all seine Wehen.
Dich betet an das All: beständig denkend Dein Sinnbild,
Stammelt das ganze All Dir stumm eine schweigende Hymne.
Alles harret auf Dich, drängt hin auf das Ziel aller Dinge.
Einer und Alles und Keiner; Du weder Eines noch Alles.
Allnamig bist Du fürwahr, und bist zugleich Namenloser.
Welcher himmlische Bote hat je das Dunkel gelichtet,
Welches jenseits der Wolken?! O Ewiger, sei Du mir gnädig!
‚Jenseits von allem, was ist!‘ Wie anders kann ich Dich nennen?“

Obwohl Gott seinem Wesen nach die Begrifflichkeit und Begreifbarkeit übersteigt, wurde er jedoch, indem er in Jesus Christus um des Menschen willen Mensch wurde, zur bleibenden inkarnierten Wahrheit, die als solche durch die Wirkung des Heiligen Geistes in der Kirche und durch die Kirche erfahren werden kann. Seitdem Gott Mensch wurde, gibt es eine Gemeinschaft zwischen Gott und Mensch. Seit der Inkarnation führt der Weg zu Gott über den Mitmenschen. Das Ereignis der Inkarnation ist keine Zufälligkeit. Weil Gott Gott ist, weil er in Jesus Christus Mensch wurde und weil Gott in den Menschen hineinkommt, kann der Mensch nur Mensch sein, Träger des Bildes Gottes und berufen zur Ähnlichkeit mit ihm, wenn er von der Menschlichkeit Gottes bestimmt wird.

Das Christentum ist die Religion dieses neuen Menschen in Christus; es ist nicht eine Religion des Individuums, sondern der Person, d. h. eine übernatürliche und sakramentale Gemeinschaft von Brüdern und nicht ein Individualismus, eine Religion einer wesenhaften und wirklichen und nicht nur einer kollektiven oder mechanischen, gefühlsmäßigen oder diplomatischen Einheit; denn

---

[2] Gregor von Nazianz, PG 37, 507A.

eine „Person" ist im Gegensatz zum „Individuum" nicht vorstellbar ohne eine tiefere Beziehung zu anderen Personen. Mit diesen ist sie verbunden nicht nur in Trauer und Tod, sondern auch durch ein gemeinsames Verlangen nach Erlösung und nach einer Einheit gemäß dem Bilde der heiligsten Dreifaltigkeit und der Einheit der zwei Naturen — „unvermischt, unverwandelt, ungetrennt und ungesondert" — in der einen Person des Gottmenschen.

2. Nach diesen einführenden Bemerkungen möchte ich mich darauf beschränken, die neueren orthodoxen Tendenzen hinsichtlich des neuen Menschen in Christus aufzuzeigen.

Die Fragen „Wer ist der Mensch? Was ist der Mensch?" wurden auch in orthodoxen theologischen Kreisen zu drängenden Fragen. Im Dezember 1972 fand im Orthodoxen Zentrum in Chambésy eine Konsultation von orthodoxen Theologen statt, die die Revision des Themenkatalogs der Panorthodoxen Konferenz von Rhodos (1961) zum Thema hatte. Dieses Gremium drückte, natürlich inoffiziell und unverbindlich, den Wunsch aus, die ganze Thematik der künftigen Panorthodoxen Synode anthropologisch zu bestimmen. Einer der Teilnehmer, Prof. Stylianos Papadopoulos, unterstrich in seinem Bericht, den er dem Sekretariat für die Vorbereitung der Synode vorlegte, folgendes:

„Bis jetzt wurden die Ökumenischen Konzile nur mit dem Zweck einberufen, eine bestimmte Frage zu lösen, die mit der Erlösung der Gläubigen verbunden war. Es handelte sich also immer um theologische Fragen, wie dies auch von Athanasius dem Großen bestätigt wird. So sollte sich die künftige Synode mit der Frage des neuen Menschen in der Welt auseinandersetzen. Das unklare Bewußtsein und die ungenaue Kenntnis der Beziehung zwischen dem neuen und dem natürlichen Menschen schaffte und schafft Verwirrung, die z. B. in einem unfruchtbaren Konservativismus, in der Verweltlichung und in der revolutionären Theologie ihren Ausdruck findet. Diesen Verwirrungen, unter denen die Kirche leidet und die die Erlösung der Glieder der Kirche gefährden, kann man nur dann richtig begegnen, wenn die Kirche durch den Heiligen Geist die Beziehung erhellt, die zwischen dem neuen und dem natürlichen Menschen besteht, nämlich, daß es sich um die gleiche Person handelt, genau so wie der Herr zwar zwei Naturen besitzt, eine göttliche und eine menschliche, und doch stets die gleiche Person ist. Die Gläubigen erwarten vom Konzil eine Hilfe, die es ihnen gestatten soll, ein Leben in der Orthodoxie und in der Wahrhaftigkeit zu führen. Zu diesem Zweck muß die aufgeworfene Frage durch Synodalbeschluß und nicht durch eine scholastische Analyse gelöst werden".

3. In ihrem Versuch, über den Menschen nachzudenken, setzen die meisten orthodoxen Theologen der Neuzeit hauptsächlich die Ausführungen der Kirchenväter fort. Wenn man jedoch einige von ihnen herausgreift, werden vielfältige Nuancen sichtbar.

a) Ein Kapitel über den Menschen von Prof. Karmiris, das mit Zitaten aus den Kirchenvätern belegt ist, endet mit der folgenden Schlußfolgerung:

„Allgemein gesagt, distanzieren sich von den dogmatischen Voraussetzungen der Orthodoxie die gegenteiligen Lehren des römischen Katholizismus und des Protestantismus über die Erbsünde, den Zustand des Menschen vor und nach dem Fall und seine Schuld und Freiheit, über die göttliche Gnade, die Erlösung, die Kirche usw. Diese entfalteten sich im Westen durch die dem orthodox-östlichem Denken in manchem fremden Lehren des Augustin, des Pelagius, der Scholastiker und der Reformatoren. Darum führen uns die dogmatischen Voraussetzungen der Orthodoxie zur Darstellung der Dogmen innerhalb der Formen und Grenzen des dogmatischen Denkens und der Theologie der griechischen Kirchenväter[3]“.

b) Die anthropologischen Überlegungen des verstorbenen Professors P. Evdokimov lassen sich folgendermaßen zusammenfassen:

„Geschaffen zum Ebenbild und Gleichnis Gottes, ist der Mensch die Darstellung, die Gestalt Gottes im Menschlichen, seine lebendige Ikone. Der hl. Johannes Damascenus nennt den Menschen einen ‚Mikrokosmos‘, das All in der Zusammenfassung, er nennt ihn auch ‚Gott im Kleinen‘; denn Gott hat sich in ‚irdenen Gefäßen‘ widergespiegelt, er macht aus ihnen Spiegel seiner Herrlichkeit und will sich in ihnen betrachten.

Das Bild Gottes ist somit der konstitutive Ursprung des menschlichen Wesens. Der Reichtum seines Inhalts offenbart sich in allen Möglichkeiten des menschlichen Geistes (Freiheit, Liebe, Schaffen usw.). Immer liegt sein essentieller Ausdruck primär oder zentral im Geistigen. So ins Herz des menschlichen Seins gelegt, bedingt und erklärt die Ebenbildlichkeit sein Heimweh nach dem Himmel, seinen Durst nach Gott, sein Grundstreben nach dem Absoluten; die Ikone ist auf das Original, auf das göttliche Urbild, gerichtet: ‚Für Dich lebe, rede und singe ich‘ (St. Gregorios Palamas). Dem Menschen ist es eigentümlich, über sich hinauszugehen, um sich in die göttliche Gegenwart zu werfen und dort die Befriedigung für sein Grundbegehren zu finden. ‚Du hast uns zu Dir geschaffen, Herr, und unser Herz ist unruhig, bis daß es Ruhe findet in Dir‘ (St. Augustin).

Das Bild ist vollständig, und seine Unverletzlichkeit kann keine Abwandlung erleiden. Jedoch bringt es der Fall zum Schweigen, verdrängt es und macht es unwirksam durch die Veränderung seiner seinsgemäßen Bedingungen. Aber das Bild, der objektive Grund des Seins, verlangt eine subjektive persönliche Ähnlichkeit. ‚Zum Bilde Gottes geschaffen sein‘, setzt die Existenz als Bild

---

[3] I. Karmiris, Abriß der dogmatischen Lehre der Orthodoxen Katholischen Kirche = P. Bratsiotis, Die Orthodoxe Kirche in griechischer Sicht, Stuttgart, 1970, 40—52.

des göttlichen Lebens voraus. Die patristische Tradition ist hier sehr genau. Nach dem Fall bleibt das Bild ohne Veränderung, aber unwirksam durch die Zerstörung der Ähnlichkeit, die für die menschlichen Kräfte unerreichbar geworden ist. ,Nach dem Fall haben wir die Ähnlichkeit fortgeworfen, aber wir haben nicht das Ebenbild-Sein verloren' (St. Gregorios Palamas). Der Christ stellt die Macht der Taten (das Sakrament der Salbung) her, erlangt wirklich die Ähnlichkeit als Bild zurück (wiedererworben im Sakrament der Taufe).

,Wir werden Ihm ähnlich sein', dieses Wort des hl. Johannes bestimmt noch einen Aspekt des Bildes und bezeichnet die gottmenschliche Struktur des menschlichen Seins ,nach dem Ebenbilde Christi'.

Das göttliche Urbild vereinigt das Göttliche und das Menschliche in sich und bedingt so die universale Gemeinschaft der ,geschaffenen und der ungeschaffenen Natur durch die Erlangung der Gnade' (St. Maximus Confessor). In dieser Vereinigung, in Christus allein, hört der Mensch auf, Individuum zu sein und wird eine Person. Jedoch ist sie nach dem hl. Maximus ,ewig empfangen', ist sie ,Identität durch Gnade'. Sie gehört uns nicht und verwirklicht sich nur im Werk, im Opfer und in der völligen Selbstentäußerung. ,Ich lebe, doch nun nicht ich, sondern Christus lebt in mir' (Gal 2, 20), ,auf daß Christus in euch Gestalt gewinne'. Das ist die Christwerdung des Menschen. Das Dogma von der Einheit der zwei Naturen in Christus drückt sich deutlich aus in der Einheit der beiden Willen und vollendet sich in der Einheit der beiden Freiheiten. Das ,Ja', das fiat des Menschen zur Liebe Gottes, wird geboren im Geheimnis und an der Quelle seines Wesens selbst und bestimmt den menschlichen Anteil und seine Offenheit gegenüber dem gottmenschlichen Mysterium.

Was den Menschen vom Engel unterscheidet, ist die Tatsache, daß er zum Bilde der Inkarnation bestimmt ist, sein Geist wird Mensch. Der ursprüngliche Befehl, den Garten Eden zu bebauen, öffnet sich auf die Kultur hin, die sich steigert, um bis zum Kult zu reichen, der schon hier auf Erden ein Vorgeschmack der himmlischen Liturgie, ,eine musikalische Ordnung, ein wunderbar komponierter Hymnus mit machtvoller Stärke' ist — wie der hl. Gregor von Nyssa sagt. Ein Heiliger ist kein Übermensch, sondern einer, der seine Wahrheit im liturgischen Leben findet. Die genaueste Definition des Menschen ist gerade die liturgische: das ist der Mensch des Trishagion und des Sanctus, der mit seinem ganzen Wesen sagen kann: ,Ich singe meinem Gott, solange ich lebe'. Als Antwort auf die Berufung des Menschen, charismatisch zu sein — ,ihr seid versiegelt worden durch den Heiligen Geist' ... — ,hat Gott (diese versiegelten Menschen) zum Lobe seiner Herrlichkeit erworben' (Eph 1, 13—14). Er ist nicht mehr derjenige, der das Gebet hat, sondern der es wird, der das inkarnierte Gebet ist. Der hl. Johannes Klimakos faßt sein Leben auf wunderbare Weise zusammen: ,Ich komme vorwärts, indem ich Dich besinge'.

Dieser Jubel dringt im geflügelten Wort des hl. Gregors so schön durch: ‚In Wahrheit ist der Mensch ein Spiel Gottes', und weiter: ‚Dein Ruhm, o Christe, ist der Mensch, den Du als Engel und Sänger Deiner Strahlen eingesetzt hast ... das einzige Opfer, das mir von all meinem Besitz bleibt'. Ebenso der hl. Gregorios Palamas: ‚Schon hier auf Erden erleuchtet, wird der Mensch ganz Wunder. Auf Erden stimmt er mit den himmlischen Kräften im unaufhörlichen Singen zusammen, noch auf Erden führt er wie ein Engel die ganze Kreatur zu Gott'.

Die göttliche Eingebung (Gen 2,7) zeigt, daß der Mensch im Augenblick, da er geschaffen wurde, nicht nur auf das Gute gerichtet, oder moralisch ausgerichtet ist, sondern daß er ‚göttlichen Geschlechts' (Apg 17, 28) ist. ‚Zwischen Gott und dem Menschen besteht die nächste Verwandtschaft', sagt der hl. Makarios: ‚er ist das Ebenbild Gottes'. Dieses bestimmt ihn im voraus zur Vergottung. Die östliche Anthropologie kann daher nur Ontologie der Vergottung sein. Vergottung ist nichts Heidnisches oder Pantheistisches. Nach dem hl. Petrus (2Pt 1,4) bezeichnet Vergottung nur die gnadenhafte Teilhabe an den Bedingungen des göttlichen Lebens: Unsterblichkeit und Unversehrtheit. Sie ist nicht moralisch, sondern ontologisch zu verstehen. Sie ist nicht auf die Eroberung der Welt gerichtet, sondern auf ihre Verwandlung (kosmische Liturgie), die bereits ‚der Raub des Reiches Gottes' ist (vgl. Mt 11, 12 in der orthodoxen Auslegung). Daher heiligt die Kirche mehr, als daß sie unterrichtet und regiert.

Ein gewisser Optimismus der Asketen setzt die Würde des Menschen als Kind Gottes und der neuen Schöpfung sehr hoch an. Er stammt aus ihrer Schau der menschlichen Natur und der Gnade. Im Gegensatz zu jeder Theologie der ‚reinen Natur' der ursprünglichen Schöpfung, zu der die Gnade von außen hinzutritt, ist die Gnade der Adoption für die östlichen Christen im Schöpfungsakt selbst impliziert, dem Menschen seit seiner Erschaffung eingeleibt. Außerhalb der angeborenen Gnade ist die Natur selbst nicht denkbar. Auf diese Weise ist der Mensch kein homo animalis mit dem geistlichen Leben, das durch die Gnade hinzugefügt ist, sondern ein homo spiritualis, bei dem das animalische Leben nur in dem Maße anomal ist, in dem es sich vorzeitig bestätigen mußte, nämlich im Sündenfall, vor seiner Vergeistigung. Die Askese findet wieder zur wahren Hierarchie und führt zur Herrschaft des Geistigen über das Materielle. ‚Das ist die Rückkehr des gegen die Natur Gerichteten zu dem, was ihm eigen ist'. (St. Johannes Damascenus), zu dem Übernatürlich-natürlichen. Das ist die äußerst radikale Behauptung, daß die menschliche Natur außerhalb der Gnade ein Nichts und unwirklich ist[4]".

---

[4] P. N. Evdokimov, Grundzüge der orthodoxen Lehre (= Die Russische Orthodoxe Kirche in Lehre und Leben. Hrsg. von Robert Stupperich, Witten 1966, 62—82) 74—76.

c) Interessant sind auch die Überlegungen von Prof. J. Zizioulas, was den Menschen von heute anbetrifft, in Zusammenhang mit der Welt in eucharistischer Schau:

„Das orthodoxe liturgische Leben hat seine eigene Schau vom Menschen, die ebenfalls dem Menschen der heutigen Zeit und seinen Bedürfnissen entgegenzukommen scheint. Als Erbe einer Jahrhunderte alten theologischen Tradition lebt er in der Angst vor seiner Zweiteilung in Leib und Seele, Geist und Materie, und in dem Dilemma der Wahl zwischen diesen beiden, da ihm der eigentliche geistliche Bereich unbegreiflich ist. Im Gegensatz dazu wendet das orthodoxe geistliche Leben dem Leib und seinen Bedürfnissen größte Aufmerksamkeit zu. Die Materie ist derart gegenwärtig, daß Brot und Wein mit dem Herrn selbst identisch werden, daß Holz und Farben zu Ikonen der Heiligen werden, deren Reliquien andererseits Träger und Ausdruck einer persönlichen heiligenden Gegenwart sind. An dieser Tradition nimmt der Mensch als *ganzer* teil — ohne nach dem Vorbild einer abendländischen Frömmigkeit die Augen zu schließen, um Gott in einer angeblich immateriellen Beziehung zu begegnen (die im Grunde genommen nur eine einfache psychologische Beziehung ist). Entspricht eine derartige Wahrung der ganzheitlichen Natur des Menschen nicht zutiefst dem Menschen von heute, der aufgehört hat, in den anthropologischen Kategorien von Aristoteles und Plato zu denken — und wer wollte ihm daraus einen Vorwurf machen?

Außer der Wahrung seiner Integrität findet der moderne Mensch in der Eucharistie noch eine andere grundlegende Dimension wieder, deren Verlust eine Gewissens- und Lebenskrise heraufbeschworen hat. Wir haben betont, und müssen es immer wieder tun, daß die Eucharistie nicht der Bereich einer rein vertikalen Begegnung jedes einzelnen mit Gott ist. Sie ist ihrem Wesen nach sozial und ekklesial und als solche im Osten — mehr oder weniger lebendig — erhalten geblieben. In keiner anderen Ausdrucksform kirchlicher Existenz geben die Christen in diesem Maße ihre Individualität auf, um Kirche zu werden. In der Eucharistie hören Gebet, Glauben, Liebe, Caritas (d. h. alles, was die Gläubigen individuell praktizieren) auf, ‚mein‘ zu sein, um ‚unser‘ zu werden, und die gesamte Beziehung des Menschen zu Gott wird zum Verhältnis von Gott zu seinem Volk, zu seiner Kirche. Die Eucharistie ist nicht nur Gemeinschaft jedes einzelnen mit Christus; sie ist auch Gemeinschaft der Gläubigen untereinander und Einheit im Leibe Christi: ‚Nicht mehrere Leiber, sondern ein Leib‘, heißt es bei Johannes Chrysostomos, der den Apostel Paulus getreu interpretiert. So wird die biblische Wahrheit, daß der Weg zu Gott auch den wahren Weg zum Nächsten bedeute, besonders lebendig in der Eucharistie, die der stärkste anti-individualistische Akt der Kirche ist.

Damit hört der Mensch auf, Individuum zu sein und wird Person; d. h. er wird zu einer Wirklichkeit, die kein Bruchstück ist, kein Anhängsel einer Maschine oder einer auf ihr eigenes Ziel hin ausgerichteten Organisation, sei dieses auch noch so heilig (Kollektivismus). Er ist kein Mittel zum Zweck: er ist selbst das Ziel, Ebenbild und Gleichnis Gottes, und findet seine Vollendung nur in der Gemeinschaft mit Gott und den andern.

Der moderne Mensch lebt jeden Tag unter der Last des Gegensatzes zwischen Individuum und Kollektiv. Sein Leben in der Gesellschaft ist nicht communio, sondern societas. Da er keine andere Wahl hat, führt ihn seine heftige Reaktion gegen den Kollektivismus zum Individualismus und umgekehrt: paradoxerweise setzen beide einander voraus. Unsere christliche Tradition hat dem Menschen von heute keine Anthropologie gegeben, die ihn als Person rechtfertigen könnte, denn selbst in der Kirche wurde er bald vom Individualismus, bald vom Kollektiv her betrachtet. Die Liturgie dagegen setzt eine Anthropologie voraus (und führt darauf hin), in welcher der Mensch einzig als ‚neue Schöpfung in Christus‘ betrachtet wird. Sie treibt keine Theologie, sie präzisiert nicht, doch sie legt dar und macht offenbar. Auf die Frage: ‚Was ist der Mensch?‘ antwortet sie, indem sie Christus als den Menschen schlechthin ausweist, d. h. als den Menschen, der mit Gott eins geworden und vergöttlicht ist. In der Gemeinschaft mit ‚dem Heiligen, das den Heiligen‘ dargebracht wird, wird direkt auf Jenen hingewiesen, der ‚allein heilig, allein der Herr, Jesus Christus‘ ist, in dem der Mensch durch die heilige Kommunion zu dem wird, was er ist: homo totus, der Mensch in seiner Ganzheit.

Das erlebt, wer an der Liturgie teilnimmt. Aber was geschieht, wenn er ‚in Frieden hinausgeht‘ und in die Welt zurückkehrt? Wir sagen gewöhnlich, daß der Mensch im Sakrament der Eucharistie göttliche, übernatürliche Kräfte schöpft, die ihm im Kampf gegen die Sünde beistehen. Unabhängig von dieser Stärkung gibt die Eucharistie, als Akt und als Gemeinschaft, dem sittlichen Leben seinen vollen konkreten Sinn.

Unsere theologische Tradition hat die Moral in ein System von Verhaltensmaßregeln und ein autonomes Gebiet der Theologie verwandelt. So sind gewisse Verhaltensweisen zu absoluten, abstrakten Dogmen geworden, ohne Beziehung zu verschiedenen Geschichtsperioden oder zur Vielfalt der Menschen. Sie sind zu Typen einer konformistischen Frömmigkeit geworden und fahren fort, die Welt zu richten und moralisch zu verurteilen. Unter diesem Einfluß ist das Verhältnis des Menschen zu Gott, im Sinne einer alten Versuchung des Abendlandes, zu einer rein rechtlichen Beziehung geworden.

Im Gegensatz zu dieser Tradition gestattet die eucharistische Schau der Welt und der Gesellschaft keine Autonomie der Moral oder deren Beschränkung auf absolute juristische Regeln. Das sittliche Leben entspringt aus einer Verklärung und Erneuerung der Schöpfung und des Menschen in Christo, so daß jedes sittliche Gebot einzig und allein als Folge jener sakramentalen Wandlung (trans-figuratio) verstanden werden kann. Von diesem Gesichtspunkt aus — wie z. B. im Brief des Apostels Paulus an die Kolosser — wird das sittliche Verhalten als ein Weiterwirken des liturgischen Erlebens begriffen: ‚Da ihr mit Christus auferweckt seid ..., ertötet, was an euren Gliedern irdisch ist ... Habt ihr doch den alten Menschen samt seinen Taten ausgezogen und den neuen angezogen, der sich ständig... erneuert...‘ (Kol 3,1—5. 9—10)[5]. Deshalb läßt die Liturgie auch nur eine einzige Moral-Terminologie gelten: die Heilung der Seele und des Leibes, damit wir, in Gemeinschaft mit ‚der allerseligsten Jungfrau und allen Heiligen‘ ‚uns selbst, einander und unser ganzes Leben Christus, unserm Gott, darbringen‘.

So bietet die Eucharistie der Welt nicht ein System moralischer Vorschriften an, sondern eine verwandelte und geheiligte Gesellschaft, einen Sauerteig, der die ganze Schöpfung nicht durch den Zwang moralischer Gebote, sondern durch eine heiligende Gegenwart durchwirkt. Diese zeugnishafte Gegenwart legt den Menschen keine unerträglichen Ketten an, sondern lädt sie ein zur Freiheit der Kinder Gottes, zu einer Gemeinschaft mit Gott, die zur Wiedergeburt führt.

Der Mensch von heute scheint die moralischen Vorschriften, die ihm von einer christlichen Zivilisation seit Jahrhunderten auferlegt wurden, mit Entrüstung völlig zu verwerfen. Lassen wir die Ursachen dieser Lage beiseite und stellen nur fest, daß das Gebäude, das wir mit soviel Eifer aus unsern guten Moralprinzipien errichtet haben, nunmehr wie ein Gefängnis empfunden wird und seine Fundamente einzustürzen drohen für jeden, der es ablehnt, daß Jesus Christus über ihn herrsche.

Wieso kommt es zum Verfall der sogenannten moralischen Werte in der säkularisierten Gesellschaft? Warum verhallt unsere christliche Stimme im Leeren? Wir nehmen Zuflucht zu Moralpredigten, zu Erklärungen von Prinzipien, um die Welt zu überzeugen, und kommen damit nicht an, niemand hört auf uns. Wir bieten den Logos an, aber die Welt nimmt ihn nicht auf. Wir vergessen, daß der Logos nicht aus Worten besteht, sondern eine Person ist. Er ist keine Stimme, sondern lebendige Gegenwart — eine Gegenwart, die in der Eucharistie Gestalt gewinnt — in einer Eucharistie, die vor allem Sammlung und Kommunion ist. Jene Gesellschaft, die sich verwandeln läßt, um ihrerseits selbst zu verwandeln, existiert nicht mehr. Sie hat sich aufgelöst durch unsern frommen Individualismus, der glaubte, für die Arbeit in der Welt keine Gemeinde und keine eucharistische Gemeinschaft mehr zu brauchen. Er hat sie durch instruktives Reden ersetzt und meint, es genüge, mit der Welt ins Gespräch zu kommen, um

---

[5] Zu beachten ist, daß die Ausdrücke ‚ausziehen‘ und ‚anziehen‘ hier liturgische Termini sind und, wie die ganze Terminologie dieses Abschnittes, sich besonders auf die sakramentale Erfahrung der Taufe beziehen.

sie zu ändern. Die Gegenwart unserer Kirche in der Welt ist zu einer Kanzel ohne Altarraum geworden, zu einer Anzahl von Christen ohne Einheit und Gemeinschaft. Wir schöpfen unser sittliches Verhalten nicht aus dem neuen Leben, das wir in der eucharistischen Versammlung kosten, und die Gesellschaft scheint den Sauerteig der göttlichen Gemeinschaft verloren zu haben, der allein eine echte Erneuerung in ihr hervorrufen kann.

Wir wollen damit nicht behaupten, daß eine eucharistische Schau eine Lösung für die sittlichen Probleme unserer Gesellschaft bringen wird. Im Gegenteil, wir müssen betonen, daß in einer solchen Schau kein Raum für das ,Opium' eines ,Sozial-Evangeliums' ist. Die Erwartung eines irdischen Paradieses in einer moralisch vollkommenen Gesellschaft ist eine Schöpfung des abendländischen Rationalismus, die mit dem Zeugnis der Eucharistie unvereinbar ist. Denn diese besitzt ihrem innersten Wesen nach eine eschatologische Dimension: Obwohl sie in die Geschichte hineinreicht, geht sie dennoch nicht gänzlich in ihr auf. Sie ist hier und jetzt das lebendigste Zeugnis einer Begegnung zwischen dem Eschaton und der Geschichte, zwischen dem Vollkommenen und dem Relativen der menschlichen Existenz. Sie ist das Zeugnis einer Moral, die nicht historische Evolution, sondern ontologische Gnade bedeutet — einmal erlangt und von neuem verloren bis zum Jüngsten Tag, wenn sie endgültig erworben werden wird. Eine solche eschatologische Durchdringung ergibt sich nicht aus einer historischen Entwicklung, die man logisch und erfahrungsmäßig erfassen kann; sie ist eine vertikale Herabkunft des Heiligen Geistes, durch die Epiklese — jene Epiklese, die in der orthodoxen Eucharistie eine so grundlegende und bezeichnende Rolle spielt —, die ,diesen Äon' verklärt und in Christus zur ,neuen Schöpfung' umwandelt. Diese Herabkunft vom Himmel auf die Erde, die den Aufstieg von der Erde zum Thron Gottes ermöglicht, erfüllt die Erde mit Licht, Gnade und Freude und macht die Liturgie zu einem Fest, einer Feier, von der die Gläubigen frohen Herzens und mit Gaben überhäuft in die Welt zurückkehren. Aber sobald sie die Kirche verlassen, erwartet sie ein unablässiger Kampf. Bis ans Ende der Zeit müssen sie ihre eucharistische Wanderschaft fortsetzen und dürfen nur den Vorgeschmack der Gemeinschaft mit Gott kosten, der sich bald mit dem bitteren Geschmack des Bösen vermischt. Die Eucharistie gibt ihnen die lebendigste Gewißheit des Sieges Christi über den Teufel. Doch auf dieser Erde bleibt das immer nur ein Sieg der ,Kenosis', ein Sieg des Kreuzes, ein Sieg der standhaften Askese, wie diese vom Mönchtum des Ostens verstanden und gelebt worden sind.

Darum fördert die Eucharistie nie den Traum einer fortschreitenden Vervollkommnung der Welt, sondern das Verlangen nach heroischer Askese und einer Erfahrung der ,Kenosis' und des Kreuzes, in der allein der Sieg der Auferstehung in dieser Welt erlebt werden kann bis zum Ende der Zeit. Gleichzeitig bietet sie der Welt die Erfahrung jener eschatologischen Dimension, die durch die eucharistische Kommunion in die Geschichte einbricht und unsere Vergöttlichung in Raum und Zeit ermöglicht. Ohne diese Dimension wird durch keine missionarische Methode, keinen intelligenten und diplomatischen ‚Dialog mit der Welt', kein Moralsystem die Welt von heute in Christus verklärt und verwandelt werden.

Die Krise in der Beziehung des modernen Menschen zu Christus und die Unfähigkeit des Christentums, dem heutigen Menschen zu begegnen, stammen sicherlich in großem Maße von der entarteten theologischen Tradition, die wir lehren. Diese Tradition hat den Menschen gespalten, durch dualistische Begriffe und Moralkonstruktionen erstickt und seine Integrität zerstört. Während früher in unseren Ländern jene Art des Denkens allen Menschen gemeinsam war, verschwinden heute diese psycho-sozialen Formen zugunsten einer neuen Lebensanschauung, die die Naturwissenschaft und eine radikale philosophische Fragestellung mit sich bringen. Die Menschen mühen sich mit Dichotomien ab, die wir ihnen überliefert haben, während wir uns auf die Verteidigung toter Formen beschränken — daraus erwächst die zunehmende Krise zwischen Kirche und Welt.

In dieser Lage setzt die orthodoxe Kirche ihr theologisches Zeugnis aufs Spiel, wenn auch sie sich auf die Verteidigung dieser Formen beschränkt. Umgekehrt wird sie jedoch in liturgischer Hinsicht als die Hoffnung der Welt erscheinen, wenn in ihrer Eucharistie jene Zertrennungen (Dichotomien) eine Lösung finden und der Mensch dort in der Gemeinschaft mit Gott seine Integrität wiedererlangt. Möge sich die orthodoxe Kirche der in ihr verborgenen eucharistischen Schau bewußt werden und zu einer theologisch schöpferischen Selbstbesinnung und einer erneuerten Praxis geführt werden, die sie selbst vor der Verweltlichung bewahren und die Welt aus ihrer gottfernen Einsamkeit erretten werden[6]."

d) Prof. Stylianos Papadopoulos denkt über das Thema: „Der Neue und der natürliche Mensch" in seiner Beziehung zu den zeitgenössischen Strömungen nach. Er stellt dabei die folgenden Betrachtungen an:

„Die Frage der Beziehung zwischen dem neuen und dem natürlichen Menschen hat für die Gläubigen riesige Ausmaße angenommen und wurde in unserer Zeit, die von sozialphilosophischen Strömungen beherrscht wird, zu einer äußerst dringenden Frage. Die genannten Strömungen haben entscheidend zur Zuspitzung dieser Frage beigetragen. Dafür sind vor allem zwei Gründe verantwortlich:

---

[6] J. Zizioulas, Die Welt in der eucharistischen Schau und der Mensch von heute, in: Orthodoxe Beiträge V, hrsg. von Ilse Friedeberg, Marburg 1973.

a) Die Glieder der Kirche leben in einer Welt, die von Auffassungen und Gedankenströmungen beherrscht wird, die nicht im Glauben an Christus begründet sind. Somit tragen die Christen im wahrsten Sinne des Wortes die Welt, die sie jeweils umgibt, und ihre Auffassungen in sich. Die Welt und ihre Auffassungen sind für den Christen nicht etwas Wesensfremdes, mit dem der neue Mensch einfach in Berührung kommt. Der neue Mensch und der natürliche Mensch (und folglich auch die Welt schlechthin) koexistieren, nur daß diese Koexistenz in einen gegenseitigen Vernichtungskampf mündet.

Hier ist natürlich eine Erklärung des Begriffes ‚natürlicher Mensch‘ am Platze, denn die Kirchenväter bezeichnen bisweilen den Zustand des Menschen nach dem Fall, der Gott nicht anerkennt, als ‚widernatürlich‘. Für sie ist der natürliche Zustand des Menschen jener, für den er ursprünglich geschaffen wurde; jener, in dem er Gott anerkannte und in dem er hätte verweilen sollen. Die Zerstörung des ersten natürlichen Zustandes des Menschen durch die Erbsünde wird durch die Kirche überwunden. Doch die Wirkung der Kirche kann weder den Zustand vor dem Fall wiederherstellen noch den Kampf gegen die Folgen des Falles überflüssig machen. Die Wirkung der Kirche führt den Menschen zu einem neuen Zustand, der durch Christus und den Heiligen Geist geschaffen wurde und ständig neu geschaffen wird. Dieser Zustand, der dem erstgeschaffenen Menschen fremd war, machte und macht den Menschen zum ‚neuen‘ Menschen. Darum bezeichnete der Apostel Paulus Christus als den ‚neuen‘ Menschen (Eph 2, 15; 4, 24; vgl. auch 2 Kor 5, 17), im Gegensatz zum Menschen in seiner natürlichen Erscheinungsform. Wir folgen Paulus und bezeichnen den in Christus lebenden Menschen als neu, während wir den einzigen uns aus Erfahrung bekannten Zustand, den Zustand nach dem Sündenfall, als ‚natürlichen‘ Zustand des Menschen bezeichnen, ebenso wie das Gesetz ‚natürlich‘ ist, von dem dieser Zustand regiert wird. Dies Gesetz aber ist jenes, von dem Paulus sagt, daß es ‚widerstreitet dem Gesetz in meinem Gemüte‘ (Röm 7, 23), das selbstverständlich ‚Christi Sinn‘ (1 Kor 2, 16) ist.

b) Die modernen philosophischen und sozialen Strömungen sind heute mehr als je eine ‚Lebenshaltung‘; sie sind nicht bloß, wie dies früher der Fall sein mochte, logische Folgerungen intellektueller Gedankengänge und Auffassungen. Mit der philosophischen Orientierung Ende des letzten Jahrhunderts und später mit Husserls Phänomenologie, mit Bergson, Dilthey und anderen gelangten wir zur Vielgestaltigkeit des Existentialismus, dessen Gegenstand hauptsächlich die Existenz und das Leben des Menschen sind. Der Existentialismus ist also ursprünglich eine Lebenshaltung. Dadurch wird er zu einer Herausforderung und zu einem Problem für den Gläubigen, der bereits eine Lebenshaltung besitzt (nämlich die des neuen Menschen in Christus); der Gläubige wird versuchen, seine Haltung vor den Übergriffen des Existentialismus zu schützen, der sich die Vernichtung der christlichen Haltung zum Ziel gesetzt hat.

Diese heute weitverbreitete philosophische Strömung drückt nicht nur eine Lebenshaltung aus, sondern sie stellt selbst eine Lebenshaltung dar. Von diesem Gesichtspunkt aus steht sie dem Anschein nach auf der gleichen Ebene wie das Christentum. Für jene, die nicht die Gabe der Unterscheidung besitzen (sei es dank ihrer Kultur oder ihrer religiösen Erziehung), sind der Existentialismus und das Christentum einfach zwei Lebensformen und zwei Lebensauffassungen. Beide Formen gründen sich tatsächlich — oder nur in der Definition — auf den Wunsch, die Person zu würdigen oder zu verwirklichen. Welche Bedeutung mißt die Kirche diesen scheinbaren Übereinstimmungen bei? Sie wird verständlich, wenn wir uns die Krise der Kirche, vor allem im 2. Jh., ins Gedächtnis rufen. In jenen dunklen Zeiten war der Gnostizismus, unter dem wir eine große Anzahl verschiedener gnostischer Bewegungen verstehen, die größte Gefahr für das Weiterbestehen der Kirche. Warum wurde die Kirche von diesen Bewegungen erschüttert? Weil sie verkündigten, daß auch sie dem Menschen fast das gleiche bieten könnten, was ihnen auch die Kirche bot, nämlich die Erkenntnis der Wahrheit und, demzufolge, die Erlösung. Die Kirche führte gegen den Gnostizismus, den sie als ‚falsche Erkenntnis‘ (ψευδώνομος γνῶσις nach dem griechischen Titel des Werkes ‚Adversus haereses‘ des Irenäus von Lyon) bezeichnete, einen schmerzlichen und langen Kampf, indem sie sich bemühte, die Gläubigen davon zu überzeugen, daß der Gnostizismus eine nur scheinbare — und auch dies nur partielle — Beziehung zum Christentum hatte.

Es erscheint nicht wünschenswert, die Vergleiche zwischen Gnostizismus und Existentialismus im Verhältnis zur Kirche weiterzuführen. Diese Aufgabe ist sehr schwer, und es besteht Gefahr, den Tatsachen nicht gerecht zu werden, sowie die Gefahr von Mißverständnissen. Trotzdem wäre es nützlich, darauf hinzuweisen, daß: 1. Ein bedeutender Teil der gnostischen Bewegungen fälschlicherweise als christlicher und kirchlicher Gnostizismus auftrat; er war es in erster Linie, der der Kirche gefährlich wurde und den sie vor allem bekämpfte. 2. Heute gibt es einen ‚christlichen‘ Existentialismus, der weitverbreitet ist und der von Gliedern der Kirche anerkannt und geschätzt wird.

Es folgt daraus, daß die Kirche besonders durch Bewegungen und Strömungen gefährdet wird, die ‚parallel‘ zur Kirche auftreten und die sich den Anschein geben, als brächten sie die gleiche Heilung wie die Kirche. Ein Beweis für diese Gefahr unserer Zeit ist die Säkularisierung. Die Gründe für die Säkularisierung liegen in der Kleingläubigkeit der Glieder der Kirche, gleichzeitig aber auch in der ungenauen Definition der Grenzen oder der Beziehungen zwischen dem neuen Menschen und dem, was der autonome Mensch ist und schafft. Nicht immer also kennen die Gläubigen die Grenze zwischen dem neuen und dem unabhängigen Menschen, und sie vermögen daher nicht einzuschätzen, wie sehr und wie weit sie an dem teilnehmen können, was der selbständige natürliche Mensch ist und schafft; sie können nicht immer unterscheiden, in welchen Punkten der natürliche Mensch das charismatische Leben des Gläubigen zunichte macht und in welchen nicht. Daraus folgt auch das Abgleiten der Kirche in die Säkularisierung, die die Verwirrung in den Beziehungen und in den Grenzen zwischen dem neuen und dem natürlichen Menschen bezeugt. Dieser Fragenkomplex scheint alt zu sein, und er ist es teilweise wirklich. Diese Fragen gab es schon früher, wenn auch in milderer Form. Und die Kirche hörte niemals auf, zu raten, zu leiten und zu retten. Aber sie war niemals so in ihren Wurzeln gefährdet, wie sie es heute durch das ständig wachsende Phänomen der Säkularisierung ist. Die wachsende Gefahr ruft nach einer Behandlung der der Säkularisierung zugrunde liegenden Frage durch das Konzil.

Um die Ausmaße, die Tiefe und die Dringlichkeit der Frage zu verstehen, verweisen wir auf das entscheidende Phänomen unserer Zeit, nämlich auf unsere von der Technik beherrschte Kultur oder, genauer, auf die Vorherrschaft der Technik in unserer Kultur. Die Problematik dieses Phänomens besteht nicht, wie allgemein angenommen wird, in den erstaunlichen Leistungen auf diesem Gebiet. Auch frühere Zeiten kannten, wenn auch in geringerem Ausmaß, das Erstaunen über neue Leistungen der Wissenschaft. Das, was heute die scharfblickenden und empfindungsfähigen Gemüter beschäftigt, ist die bisher unbekannte Tatsache, daß, während der Mensch bisher seine Schöpfungen beherrschte, er heute von ihnen beherrscht wird. Die technische Kultur, die vom Menschen geschaffen wurde, lenkt und beherrscht nun ihren Schöpfer, sie zwingt ihn zu einem Leben und einer Denkweise, die von der Maschine diktiert sind. Mithin ist die Menschheit heute Gefangene und Untertan ihrer Schöpfung. Es ist nicht möglich — und es ist wohl auch noch zu früh dazu —, die Bedeutung dieser erschreckenden und unmenschlichen Tatsache zu ermessen. Sicher ist, daß diese Umwälzung bei den großen Philosophen und Theologen unserer Zeit Furcht hervorgerufen hat; sie zwingt uns alle, Spenglers († 1936) zu gedenken, des Propheten des Untergangs der europäischen Kultur.

Im Lichte dieser Gegebenheiten wird die dramatische Stellung der Kirche leicht verständlich, denn die Kirche lebt nicht außerhalb der Welt. Ebenso wie die ganze zivilisierte Menschheit von ihrer technischen Kultur versklavt wurde und nun den blinden und unlogischen Gesetzen ihrer Geschöpfe (der Maschinen) gehorcht, läuft auch die Kirche diese Gefahr. Hier handelt es sich schon nicht mehr um eine andere Lebenshaltung, sondern um die Versklavung durch das Geschöpf. Früher, und auch heute noch, verehrten die Menschen die Geschöpfe Gottes. Wegen der ungeheuren Zunahme der Abhängigkeit des Menschen geschieht heute etwas Schlimmeres: nicht mehr Verehrung der Geschöpfe, sondern Versklavung durch sie, und zwar nicht durch göttliche, sondern durch menschliche Geschöpfe. Wie reagiert die Kirche in dieser Situation? Auch dies ist ein Problem. Die Glieder der Kirche reagierten auf verschiedene Weise: richtig, falsch, unsicher, verkrampft, mutig, fragmentarisch, inspiriert usw. Die Kirche selbst hat nicht offiziell und definitiv, also konziliär und erleuchtet vom Heiligen Geist geantwortet. Unzweifelhaft ist daran die Unsicherheit schuld, die die Kirche in der Frage der Beziehung zwischen neuem und natürlichem Menschen beherrscht. Die Frage der technisch beherrschten Kultur ist nicht eine Frage der Weltentstehungs-Lehre oder der Kernphysik, sondern in erster Linie eine Frage der menschlichen Personen. Die Person jedoch muß ein genaues Bewußtsein der Grenzen ihrer natürlichen und ihrer charismatischen Situation haben, damit sie über die Beziehung beschließen kann, die zwischen den beiden herrschen soll. Einmal mehr unterstreichen wir, daß die Glieder der Kirche hin- und hergerissen werden, daß sie kein klares Bewußtsein dieser Grenzen und dieser Beziehungen haben. Die Kirche als katholisches Ereignis muß die Frage auf katholische und definitive Art und Weise überprüfen, damit ihre Glieder vom Zweifel erlöst werden, vom unerwünschten Agnostizismus, vom Abgleiten in die Säkularisierung und von der Versklavung durch die technische Kultur[7]".

e) Persönlich möchte ich folgendes zu bedenken geben:

Von dem hl. Irenäus an berichten alle Theologen des 2. bis einschließlich des 4. Jh.s von ein und demselben dramatischen Geschehen in drei Akten: von der Geschichte des Menschen, der geboren ist in der seligen „Athanasie" göttlicher Kindschaft, der durch die Sünde stirbt und durch die Gnade wieder zum Leben kommt. Alle sind sich darin einig, daß Adam „zu Bild und Gleichheit (homoiosis)" und nicht nur zu einer einfachen Ähnlichkeit mit Gott geschaffen ist. Kraft dieses Geburtsrechts hätte Adam der Gnade und Herrlichkeit teilhaftig werden müssen! Das heißt, das Übernatürliche wäre die wahre Natur des Menschen im irdischen Paradies geworden.

Dieser zur Freiheit und Unsterblichkeit geschaffene Mensch, im Stande fortschreitender dynamischer Vervollkommnung, war zum Zentrum des Universums bestimmt, als ein Mikrokosmos, der seiner Zusammensetzung nach gleichzeitig dem Intelligiblen und dem Sensiblen angehört. Als Organ und nicht als passives Instrument des Willens seines Schöpfers hatte Adam eine Aufgabe zu erfüllen. Vom ersten Tag an hat Gott ihm, wie ebenfalls schon der hl. Irenäus sagt, „die Absorption des Fleisches durch den Geist" zum Ziel gesetzt[8].

Dieser Ausgangspunkt, der die Haltung Gottes zu seiner vernunftbegabten

---

[7] St. Papadopoulos, Τό θέμα „Καινός καί φυσικός ἄνθρωπος" ἐν τῇ σχέσει αὐτοῦ πρός τά σύγχρονα ρεύματα = Gregorios Palamas, Nov./Dez. 1972, 474—478.
[8] zitiert bei Myrrha Lot-Borodine, La déification de l'homme, Paris 1970, 41.

Schöpfung und die innere Natur ihrer Beziehung bestimmt, macht das besondere Gepräge des patristischen Denkens aus. Auf diese Gleichheit des Menschen mit Gott stützt sich insbesondere Clemens von Alexandrien, sie wird aber schon von Philo gelehrt (der „himmlische Anthropos"). Die erste vollständige Darstellung der Schöpfung des Menschen, seiner ihm eigenen Natur und seiner übernatürlichen Bestimmung findet sich bei Gregor von Nyssa (Sermo de Imagine, PG 44).

Eine besondere Prägung erfährt diese Schau vom Menschen durch den großen Dialektiker der Mystik des 6. Jh.s, den hl. Maximos den Bekenner. Als Trichotomist unterscheidet auch er im Aufbau des Menschen den Leib, die Seele und den Geist, Den „nous" (den „spiritus" bei Augustinus, die „mens" des Mittelalters) betrachtet er als das Kap der vernünftigen Seele und damit als natürlicherweise gottförmig.

Anthropologie und Kosmogonie sind bei Maximos unlösbar miteinander verbunden und kreisen um einen zentralen Punkt: den vorewigen Logos — den „logos spermatikos" der Stoiker. Das Universum ist jedoch weder einfach noch unveränderlich, wie nur Gott allein es ist. Es setzt sich aus zwei Welten, nämlich der intelligiblen — den Engeln und den menschlichen Seelen — und der sensiblen — der der Materie — zusammen. Obwohl die sensible Welt wegen ihrer Beweglichkeit als Täuschung erscheinen kann, so existiert sie doch wirklich, weil sie vom Schöpfer gewollt ist, und steht in dauernder Berührung mit ihrem Prinzip, dem Logos, durch die Verhaftung mit der anderen, der vernünftigen Welt. Das Band, welches diese beiden verbindet, ist der Mensch. Er ist die sinnhafte und vernunfthafte Schöpfung zugleich.

Der Mensch erhält somit seine außerordentliche Würde, die ihn selbst über die Engel hinaus erhebt. Mit anderen Vätern der Kirche zögert auch Maximos nicht, den Menschen einen „geschaffenen Gott" zu nennen[9]. Und dies mit der ganzen Kraft des Begriffes, ohne irgend etwas abzuschwächen. Der Mensch ist, wie Sergij Bulgakov sagen wird, eine wirkliche „irdische Hypostase Gottes[10]"; denn der Leib, der die menschliche Seele umgibt, stellt eine Analogie dar zum Kosmos, welcher den Logos umgibt wie mit einem Gewand. Darum gelangt man durch die Erkenntnis des Menschen zu einer ersten, noch unvollkommenen Erkenntnis seines ungeschaffenen Vorbildes. Und außerdem kann man dieses Urmodell noch erkennen, indem man es bewundert in der Weisheit und Schönheit seines sichtbaren Werkes: „natürliche Kontemplation".

Die Sendung Adams war, wie schon angedeutet, die volle Verwirklichung des Vorsehungsplanes der göttlichen Ökonomie. Der Mensch hatte auf Erden

---

[9] siehe dazu: Capitula theologica et oeconomica; Questiones ad Thalassium; Ambigua in Gregorium Theologum (PG 90).
[10] zitiert: M. Lot-Borodine 43.

die Rolle des Logos zu übernehmen, ihn gewissermaßen zu ersetzen und so alle Widersprüche der im Werden begriffenen Schöpfung zu harmonisieren, diese Schöpfung also fortzusetzen und zur Vollendung zu bringen. Maximos zeichnet diesen Weg bis zu unbegrenzten Perspektiven nach, als einen Weg, dem der Mensch ohne Abweichung hätte folgen müssen: unter Beibehaltung seiner integralen Menschlichkeit hätte er sich über alle vorläufigen Unterscheidungen, angefangen mit der der Geschlechter, erheben und kraft Tugend und Einsicht zur Vergeistigung alles Existierenden gelangen sollen; die Erde hätte zum Paradies umgeformt werden müssen, um mit dem Himmel eins zu werden; der Mensch selber hätte mit Ihm vollends eins werden müssen, da er Ihm ähnlich ist in allem außer in der Natur: „Der Natur nach ist der Mensch als Leib und Seele weniger denn ein Mensch; durch die Gnade aber wird er ganz Gott, seinem Leib und seiner Seele nach" (Maximus Confessor, Ambigua XVIII 64). Also erfährt der Mensch eine letzte, gänzlich dem charismatischen Handeln des Geites unterworfene Metamorphose.

Der mit der Entscheidungsfreiheit ausgestattete Mensch ist jedoch gefallen. Er ist gefallen, weil er die nichtige Liebe zu sich selbst der wahren Liebe zu Gott vorgezogen hat. Eigenwillig, aus Stolz und Begierde läßt er sich verwirren durch die falsche Erkenntnis und sinkt in die Nacht. Der Ungehorsam Adams, dieses „lebendigen Keimes, der die gesamte Zukunft unserer Art in sich trug", wurde zu einem unmittelbaren Sturz in das Leben der Sinne und durch diese in den Tod. Der hl. Augustin sagt ausdrücklich: „Der Mensch hat sich für den geizigen Besitz seiner privaten Güter entschieden[11]".

Die Folgen waren katastrophal. Das Fleisch wurde zur Begehrlichkeit und dadurch zur Gebrechlichkeit und Auflösung verurteilt. Die Seele wurde bis in ihre Tiefen erschüttert und zersetzt, der Wille verkehrt und verfälscht, die Erkenntnis von der Illusion vernebelt. Der gesamte Makrokosmos, der berufen war zum frohen Lobpreis seines Herrn, wurde durch die Verwundung an seinem Haupte zum Leiden und Seufzen verdammt.

Angesichts dieser Verfallenheit des menschlichen Seins gibt es jetzt nur noch eine Sehnsucht, eine Besessenheit: nicht nur das verformte Bild wiederherzustellen, sondern vor allem das schon vor seinem Beginn abgebrochene Werk zu seinem Ende zu führen. Dies bedeutet zuallererst, die verwischte „Gleichheit" („similitudo"/"homoiosis") wiederzuerwecken, und sodann, die verklärte Welt in die göttliche Herrlichkeit eintauchen zu lassen.

Dies ist das Werk der Rekapitulation („anakephalaiosis"), der Wiederherstellung der Menschheit, in welcher der inkarnierte Gott dem Menschen vorangeht. Hier wird diesem das ewige Leben wiedergegeben und durch den Geist die

---

[11] zitiert: M. Lot-Borodine 47.

vergöttlichende Kraft mitgeteilt, die ihn heiligt und schließlich in den Schoß des Vaters, in die „lichte Wolke" des dreieinigen Gottes erhebt.

Die Lehre von der Rekapitulation ist der eigentliche Nerv des patristischen Denkens. Sie stützt sich auf die „koinonia" (communio) als göttliche Adoption, welche geradewegs auf die Vergöttlichung zuführt: Gott ist Mensch geworden, damit die Menschen vergöttlicht werden können. Der Schriftbeleg dieser Wahrheit ist der berühmte Vers aus Ps 82: „Ich sprach: ihr seid Götter", welchen der Heiland selber aufnahm (Joh 10,34). Der Fels, auf den sich diese Wahrheit gründet, ist das Bekenntnis Jesu Christi als wahren Gott und als wahren Menschen.

Jesus Christus ist das geworden, was wir sind, um uns zu dem zu machen, was er ist. Darum mußte das Wort Fleisch werden und zu uns kommen „um unseres Heiles willen". Dieses Heil wird dadurch gewirkt, daß der verletzten menschlichen Natur das Ferment der Unverweslichkeit inkorporiert wird durch ihre engste Vereinigung mit dem fleischgewordenen Gotte. Die machtvolle Wiederherstellung des verlorenen Erbes und Unterpfand der Unsterblichkeit sind die Frucht schon der Inkarnation allein. Die Seelen der Christen werden regeneriert durch die „Enanthropesis" („Einmenschlichung") Gottes des Heilandes.

Über die Wirkungen dieser Urgnade, welche unsere Spezies in die göttliche Abstammung reintegriert, schreiben die Kirchenväter in aller Einstimmigkeit und Unerschöpflichkeit. Den Ton gibt Athanasius der Große an, dem schon Irenäus, Clemens und Origenes vorausgegangen sind. Der Sieger des Konzils von Nizäa nimmt das Thema der Vergöttlichung oder Gottwerdung so auf: „Jesus Christus ist Mensch geworden, um uns zu vergöttlichen" (De incarnatione verbi, PG 25). Dies ist jedoch nur möglich, weil der Logos unser Modell von Anbeginn her gewesen ist: „Der Mensch würde nicht vergöttlicht werden, wenn Der, welcher Fleisch geworden ist, nicht das Wort Gottes wäre"; und umgekehrt: „Wir würden nicht von der Sünde erlöst, wenn das Fleisch, welches der Logos angenommen hat, nicht unser menschliches Fleisch wäre" (a.a.O.).

Der hl. Basilius der Große sagt: „Um unseretwillen ist der Logos sterblich geworden, um uns von der Sterblichkeit zu erlösen" (Epist. VIII 5 = PG 32, 245). Der hl. Gregor von Nazianz, der Theologe schreibt: „Jesus stellt ‚in figura' das dar, was wir sind." „Wir werden göttlich durch Ihn" (Or I 7 = PG 36). Von seinem Freunde Basilius überliefert Gregor: „Der Mensch ist eine Kreatur, aber sie hat den Auftrag, Gott zu werden[12]".

Dieselben Aussagen finden sich bei dem hl. Kyrill von Alexandrien: „Wenn Gott Mensch geworden ist, ist der Mensch Gott geworden" (Rom., hom. IX 3). Der hl. Johannes Chrysostomus drückt sich als Antiochener ein wenig verhalte-

---

[12] zitiert: M. Lot-Borodine 56.

ner aus: „Wir bedurften des Lebens und des Sterbens eines Gottes, um zu leben[13]". Und am Ausgang des patristischen Zeitalters schließlich faßt der hl. Johannes Damaszenus die Heilsökonomie so zusammen: „Christus, dessen Natur unserer identisch ist, hat in uns das göttliche Bild wiedererschaffen, um uns von der Verwesung zu befreien. Er hat uns an Geist und Fleisch unsterblich gemacht" (De fide orthodoxa, PG 94).

Der auf den hl. Paulus zurückgehende und von den Vätern reich ausgebaute Parallelismus zwischen dem ersten und zweiten Adam ist allgemein bekannt. Christus ist das mystische Haupt des neuen Leibes, an dem wir die Glieder sind. Was der zweite Adam im jungfräulichen Schoß Mariens angenommen und uns gegeben hat, ist die menschliche Natur in ihrer Integralität. Durch Ihn wird das „häutene Gewand" — unser sündiges Fleisch — wiedergeboren aus seiner Verschlissenheit. Die Inkarnation ist damit schon Erlösung.

In der Soteriologie fällt der Akzent immer auf die Erlösung durch das Prinzip der Regeneration. Eine Verlagerung des Akzentes auf die Rekonziliation oder die Sündenvergebung wie im Westen seit dem Mittelalter würde zu einer schwerwiegenden Verengung führen. Es ist nicht dasselbe, ob sich der Mensch zunächst als gerechtfertigt und vom Gesetze befreit empfindet oder aber sich als verherrlicht und ins lebendige Licht getaucht erfährt. Ist die Taufe zunächst Abwaschung der Makel oder Bad der Wiedergeburt? Ist die Beichte Gericht oder Zuflucht beim Arzt der Leiber und Seelen? Ist die Eucharistie Sühneopfer oder „pharmakon tes athanasias"?

Für uns ist die „homoiosis" Voraussetzung unserer göttlichen Kindschaft; Christus, der gekommen ist, um den Tod zu zerstören, erneuert uns nach seinem Bild, um uns teilhaben zu lassen an der zukünftigen Herrlichkeit.

Um dem heutigen Menschen zu helfen, sollte man m. E. versuchen, eine Anthropologie zu entwickeln, die auf das Christusbild der Urkirche gegründet werden könnte. Und um die Gefahr der Erstarrung, des Traditionalismus und der leblosen Wiederholung zu überwinden, sollten wir uns nach dem tieferen Sinn der Christuslehre im Hinblick auf unsere heutige, konkrete Weltsituation fragen.

Was hat das christologische Dogma des IV. Ökumenischen Konzils (451) über die „unvermischte, ungewandelte, ungetrennte, ungeteilte" Vereinigung der göttlichen und der menschlichen Natur in der einen Person des fleischgewordenen Logos dem heutigen Menschen zu sagen?

Die vom Logos angenommene Menschheit, die in ihm „hypostatisierte" Menschheit wird ihrerseits Quelle göttlichen Lebens, allein durch die Tatsache, daß sie des Logos eigenes Fleisch geworden ist. Die Christen, welche das göttliche Le-

---

[13] zitiert: M. Lot-Borodine 56.

ben nicht durch hypostatischen Besitz erhalten, wie Christus, erlangen es aber aus Gnaden durch Partizipation an diesem Christus. Damit wird die in Christus hypostatisierte Menschheit des Wortes zur entscheidenden Grundlage der eingangs aufgezeigten Lehre von der Vergöttlichung des Menschen als des eigentlichen Inhaltes unseres Heils.

Denn die „vergöttlichte" menschliche Natur wird nicht „bezüglich ihrer natürlichen Charakteristika" verändert, sondern zur göttlichen Herrlichkeit restauriert, die ihr seit der Schöpfung zugedacht war. Die Menschlichkeit Jesu ist auch unsere begrenzte, unwissende und verwesliche Menschheit, die das Wort in jener Verfassung angenommen hat, in der sie uns Adam zurückgelassen hat. Im Kontakt mit Gott wird unsere Menschheit aber erst wirklich menschlich, weil Gott seine Schöpfung nicht zerstören, sondern vollenden will.

Gott ist in Christus Mensch geworden, weil er der wahre Gott ist und darum sein Geschöpf liebt und erlösen will; und weil Gott in den Menschen hineinkommt, kann der Mensch nur Mensch sein, indem er vergöttlicht wird.

Gott wird zum Fleischträger, damit der Mensch zum Geistträger wird, damit er gnadenvoll, als Träger der ungeschaffenen Energien Gottes mit ihm vereint lebt. Es ist ein und dasselbe Ereignis des Neuen, welches die ganze Schöpfung erneuert. Der sich immer wieder inkarnierende Logos, der Gott-Mensch und Jesus Christus, ist „derselbe gestern, heute und in Ewigkeit" (Hebr 13, 8)[14].

Dieser gesamte Christus, die gleichgewichtige Durchdringung der zwei Naturen in der einen Person des Gottmenschen ist das Urbild der Menschlichkeit des Menschen.

---

[14] D. Papandreou, Einige Überlegungen zum Menschenbild unter Berücksichtigung des Christusbildes der Urkirche (Vortrag gehalten im Engadiner Kollegium, St. Moritz 1972) = Endliches und Unendliches im Menschen, Editio Academica, Zürich 1973, 273—282, besonders 279—282.

Auf der Suche nach dem Sinn unserer Existenz

EMILIANOS TIMIADIS

Metropolit von Kalabrien

Unsere Generation ist merkwürdig. So muß es z. B. erst zu einem ernsten Unbehagen, zu Protest oder Unordnung kommen, damit die öffentliche Meinung sich erregt und sich dessen bewußt wird, daß ihr gegenwärtiges Leben bedroht ist und daß dringend Maßnahmen ergriffen werden müssen, um dem Übel abzuhelfen. In jedem Lebensalter gibt es Symptome, die eins unbestreitbar deutlich machen: daß die gegenwärtige Lebensweise krank und pervertiert ist. An die Stelle der Dualität von Natur und Spiritualität setzen die Gegner eines vom Heiligen bestimmten Lebensziels eine Einheit in der Natur, als ob diese autonom sei und der Mensch nur unter dem Einfluß des Bedürfnisses handle.

Wenn das menschliche Handeln aber seinen Beweggrund nur in natürlichen Bedürfnissen oder Gefühlsneigungen hat, kann der Mensch sein Leben dann noch voll leben und seiner Existenz einen Sinn, eine Bedeutung geben? Wenn der Mensch wirklich Sklave der Natur ist, dann ist das menschliche Handeln rein egoistisch und entbehrt jeder solidarischen Bestimmung und ist beherrscht von fleischlichen Leidenschaften und Hochmut. Der Mensch wird aber nicht durch vergängliche Instinkte, sondern durch seine geistigen und geistlichen Fähigkeiten geleitet. Da der Zusammenhang von Ursache und Wirkung sich durch die Vernunft nicht erklären läßt, kann der Mensch sich nur begrenzte Ziele setzen.

Der Mensch legt seine ganze Würde in eine höhere Welt: er besitzt eine Seele und einen Leib, und er betrachtet die Seele als Ratgeberin des Leibes. So schafft er in sich selbst eine Wertskala, indem er den Geist emporhebt und den Leib herabsetzt. Das Sinnliche neigt immer dazu, dem Einfluß des Geistes zu entkommen. Als ,imago Dei' besitzt der Mensch ungeheure Möglichkeiten, über sich selbst hinauszuwachsen. Da er weder blindlings Spielball seiner Leidenschaften ist noch von einer allmächtigen pelagianischen Vernunft geleitet wird, kann er seinem Leben einen Sinn geben. Er ist dann nicht mehr von dem einzigen Wunsch bestimmt, „sein Dasein zu erhalten". Er setzt sich ein für höhere Ziele, um das Ewige, das Absolute, das immer Bleibende zu erreichen.

Aber um welchen Menschen geht es und um welches Leben? Das ist die doppelte Frage, vor die wir im Blick auf den Sinn unserer Existenz gestellt sind. Man kann keine Anthropologie treiben ohne Beziehung zu den Axiomen der menschlichen Existenz. Wenn jede Metaphysik und jede Ideologie sich mit den Problemen dieses Lebens auseinandersetzt, so legt die orthodoxe Theologie doch allen Nachdruck darauf zu betonen, daß für den Menschen die Qualität des Lebens und nicht das Leben als solches, als vergängliche Zeitspanne, entscheidend ist.

Zweifellos setzt der Mensch sich mit den Schwierigkeiten auseinander, die sich ihm Tag für Tag stellen. Er kann ihnen gar nicht entgehen. Aber nach welchem Prinzip oder nach welchen Kriterien wird er mit ihnen fertig? Zunächst einmal ist dieses Leben nicht das, was jeder einzelne sich erträumt oder vorstellt. Die Wirklichkeit ist oft widerstrebend und voller Hindernisse. Ein ganzes Netz von unsichtbaren Faktoren bestimmt unsere Existenz. Wir sind wohl oder übel durch unsere Umwelt bedingt und vereinnahmt. Das bringt Sünde, Entstellung, Verwirrung, Böses und Hochmut mit sich. Wenn man die Sünde nicht mehr empfindet, hat man keinen festen Boden mehr unter den Füßen, um hinter so manche Geheimnisse und Widersprüche zu sehen: Leiden, Krankheit, Übel, Ungerechtigkeit. Die Tragik des christlichen Lebens ist von der Patristik eingehend untersucht worden, die die Überordnung von Ζωή über βίος hervorgehoben hat. Das Leben im Sinne von Ζωή wird erst in Gott zum wirklichen Leben. Es ist ein christozentrisches und eucharistisches Leben, das durch den heiligen Geist beseelt, durch das Gebet genährt, durch den dynamischen Glauben gestärkt und in der kirchlichen Gemeinschaft erhalten wird.

I. Der Mensch als ein zur Entfaltung und Umgestaltung bestimmtes Wesen

Der Christ führt den Auftrag Christi weiter, was dem christlichen Leben eine ganz konkrete Ausrichtung gibt: die Nachfolge des Heilands. Das ist übrigens ein Gedanke, an dem den Kirchenvätern sehr viel gelegen war. Bei Origenes tauchte das Thema der „Nachfolge Jesu" mit seinem Bezug auf die Synoptiker nachträglich auf. Die Tugenden, die Origenes beim Heiland bewundert und uns zur Nachahmung empfiehlt, betreffen mehr sein heiliges Leben als das menschliche Leben: Verstand, Weisheit, Wahrheit, Gerechtigkeit. Das Ebenbild des unsichtbaren Gottes ist der ewige Logos, und man versteht, warum Origenes sich erst nachträglich für das Thema der Nachfolge Christi interessiert hat. Er legt besonderen Nachdruck auf die Läuterung der Leidenschaften, die Zügelung und Unterdrückung schlechter Gefühle und die Lossagung vom Geschaffenen. Aber gegen Ende seines Lebens war er von einer so großen Zahl von Vorschriften gefangen, die das neue Leben des Christen in Unordnung brachten, als ob es sozusagen dem Leben Christi aufgepflanzt wäre, daß er seine Auffassung änderte (Kommentar zum Römerbrief).

Wenn Gregor von Nazianz von Christus spricht, denkt er vor allem an seinen Sendungsauftrag, das heißt an das fleischgewordene Wort. Christus nachzuahmen bedeutet nicht so sehr, nach seiner Göttlichkeit zu streben, sondern zu versuchen, „all das" zu werden, „wozu er sich für uns gemacht hat" (Rede I, 5 PG = 35, 400). Auch drückt er sich manchmal sehr allgemein aus, indem er sich der Terminologie Platos bedient: „Gott nachfolgen, Gott nachahmen" (Der Staat, VI, 500 c). „Wir sind dazu geschaffen, Gott soweit wie möglich nachzuahmen" (Rede 24, 15 = PG 35, II 88).

In der Bibel gibt es zwei Auffassungen vom Menschen: diejenige, die seine Größe hervorhebt und ihn die Schöpfung beherrschen läßt aufgrund seiner Ebenbildlichkeit Gottes (Ps 8) und diejenige, die sich entschieden für seine Schwäche ausspricht und in dramatischer Weise von einem Leben spricht, das nur ein Hauch oder ein Schatten ist (Jes 2, 22; Ps 144, 3). Die letztere Darstellung ist die eines von der Sünde geknechteten Menschen und die erstere die eines Menschen, wie Gott ihn in seinem Sohn gewollt hat.

Zwischen diesen beiden Darstellungen liegt das ganze Ostermysterium dessen, der in Hebr 2, 10 als „Herzog unserer Seligkeit" bezeichnet wird. Es ist derjenige, der trotz der Sünde den Heilsplan Gottes verwirklicht hat, „eine große Zahl von Söhnen zur Herrlichkeit zu führen". Er hat nicht nur den Tod erfahren, sondern er ist in Schmerzen und vom Leiden überwältigt gestorben. Da er so durch sein Kreuz zum Erlöser für alle geworden ist, hat er von daher jedem Leiden eine tiefere Bedeutung gegeben. Zum gequälten Kind, zur geschändeten Frau, zum ausgebeuteten Mann kann er sagen: „Ich weiß!" „Er kann denen helfen, die versucht werden" (Hebr 2, 18).

Der Mensch wird sich dessen bewußt, daß er in der Gesellschaft ohnmächtig ist. Er empfindet, daß sein Leben von dämonischen Kräften beherrscht ist, über die er überhaupt keine Gewalt hat. Er sieht in sich selbst mehr ein Objekt der Geschichte als einen Herrn über sein Schicksal. Deshalb muß jede gültige theologische Auffassung eine Brücke herstellen zwischen der technologischen Beherrschung und der Qualität der menschlichen Beziehungen. Christus ist gekommen, um den Menschen zu befreien. Die Befreiung, mit der er die Menschen freimachen will von Sünde, falschen Göttern und Verzweiflung ist nicht nur rein innerlich zu verstehen. Sie kommt auch äußerlich in konkretem, sichtbarem Handeln zum Ausdruck.

Die paradoxe Situation der Kirche zeigt sich darin, daß sie ständig auf ihren Bräutigam wartet, während sie bereits auf Erden bei ihm ist. Sie lebt noch in statu viae und ist dennoch bereits in statu patriae. Sie führt sozusagen eine doppelte Existenz, sie lebt mit den Worten des Heiligen Augustin gleichzeitig im Himmel und auf Erden. Als geschichtlich sichtbare Gemeinschaft ist sie gleichzeitig Leib Christi. Sie ist gegenwärtig und gleichzeitig die Kirche der Erlösten und die Kirche der Sünder. Auf der geschichtlichen Ebene hat sie noch kein letztes Ziel erreicht. Aber die letzte Wirklichkeit ist offenbart worden;

heute noch ist sie — wenn auch in vorläufiger Form — greifbar und wirklich erreichbar, trotz aller geschichtlichen Unvollkommenheiten.

Die Kirche ist ein sakramentaler Leib. Seiner eigentlichen Bedeutung nach bedeutet ‚sakramental‘ nicht weniger als ‚eschatologisch‘. ‚To eschaton‘ bedeutet eigentlich nicht Abschluß einer Reihe zeitlicher Geschehnisse, sondern vielmehr ‚letztlich‘, ‚entscheidend‘. Das was letztlich geschieht, verwirklicht sich im Ablauf der geschichtlichen Ereignisse. Das was nicht „von der Welt“ ist, ist hier „in der Welt“, ohne sie aufzuheben, vielmehr um ihr einen neuen Sinn und einen neuen Wert zu geben, sie „umzuwerten“. Gewiß, es geht auch hier erst um eine Vorwegnahme und um ein Unterpfand der endgültigen Erfüllung. Aber der Heilige Geist wohnt bereits in der Kirche. Das ist also das Mysterium der Kirche: erhofft und schon jetzt gelebt und erfahren zu werden.

Welche Art von Leben soll nun als christlich gelten? Zunächst müssen wir den Begriff ‚heilig‘ klären, denn er ist von so vielen Mythen und fälschlichen Auslegungen umgeben. Um es besser zu sagen, man hat die Heiligen und die Toten verwechselt: aus Heiligen hat man Tote gemacht und aus Toten Heilige, indem man die Schattenseiten ihres Lebens vergessen hat und nur das Licht behalten hat. Dadurch sind die Märtyrer- und Bekennerfeste in unserem liturgischen Kalender zu jenen ‚traurigen‘ und eigenartig paradoxen Festen geworden, bei denen man die Verehrung der Entschwundenen verbindet mit der Trauer um ihre Abwesenheit.

Unter ‚heilig‘ verstehen wir einen einsatzbereiten und voll engagierten Menschen, der inmitten einer von Panik ergriffenen Welt das Gefühl der Sicherheit hat. Er ist sich dessen sicher, daß er nicht allein da ist, sondern in enger Verbindung steht zu unseren verstorbenen und lebenden Brüdern im Glauben. Die Eucharistie ist die entscheidende Gelegenheit, bei der sich die Dimensionen der irdischen und himmlischen Kirche begegnen. Bei dem heutigen Fortschritt der Wissenschaft und Technik gibt es keinen Schritt und kein Vorankommen mehr, das nicht Frucht einer Teamarbeit wäre; man kann nur noch vorwärtskommen, wenn man sich auf den vorhergehenden Fortschritt stützt; man macht keine Experimente mehr, die nicht die vorhergehenden Experimente berücksichtigen. Und dadurch wird der Gelehrte und Wissenschaftler in eine wunderbare Bewegung menschlicher Solidarität hineingestellt, in eine obligatorische Demut.

Warum will man dann noch, daß jeder geistliche Fortschritt individuell sei? Das ist grundsätzlich unmöglich: es gibt keine isolierten Heiligen. Es gibt nur einen Heiligen: Christus. Aber das eucharistische Opfer ist die Feier seines mystischen Leibes, die Ankündigung des Reiches Gottes. Und dadurch wird der Heilige in eine wunderbare Bewegung der Liebe hineingestellt. Der Heilige ist nicht jenes makellose Wesen, von dem man fälschlich behauptet, es sei vollkommen. Gott allein ist vollkommen. Ein Heiliger ist derjenige, der so, wie es ihm gegeben ist, Tag für Tag treu seinen Weg geht mit jenem anderen Heiligen, seinem Bruder; weil sie denselben Vater haben, gehen sie gemeinsam auf die Vollkommenheit Gottes, die Liebe, zu. Ein Heiliger ist derjenige, der seinerseits in einer ständigen brüderlichen Verbundenheit einen Aspekt der Liebe deutlich werden läßt, die erst in Gott ihre ganze Fülle erhält. Ein Heiliger ist derjenige, der in seinem Bruder einen anderen Aspekt dieser Liebe Gottes annimmt und erkennt. Gott in seinen Brüdern zu finden ist zweifellos nichts anderes, aber man verliert dabei manchmal den eigentlichen Sinn, und es kommt sogar vor, daß man seinen Vater vergißt, indem man sich seinen Brüdern zuwendet. Communio Sanctorum soll jedoch nichts anderes bedeuten als jenes Meer der Liebe, das sich aus uns, den vielen Tropfen zusammensetzt.

II. Gegen falsche Heilmittel

Der Mensch versucht, seine Verantwortung gegenüber seiner Berufung und gegenüber seinem als Gabe empfangenen Leben dadurch zu ersetzen, daß er sich verschiedene Alibis und falsche Normen und Richtlinien seiner Existenz schafft. Die verschiedenen Formen von Agressivität der Jugend gegen die Gesellschaft sind Ausdruck einer Unzufriedenheit oder eines tiefen Leidens. Sie revoltieren nicht deshalb, weil ihnen die Mittel zum Leben fehlten, sondern weil sie keinen Sinn im Leben sehen. Ihre Verkleidungen und ihre erotische Besessenheit sind eigentlich nur schnell verbrauchte Ablenkungsmittel für eine bleibende Hoffnungslosigkeit.

In unserer heutigen Welt gibt es sehr viel mehr Unzufriedene als Notleidende. Sie sind ständig auf der Suche nach etwas, das ihnen fehlt oder ihnen entgeht, und wissen oft selbst nicht, was sie suchen. Eins ist sicher, daß sie sich nicht zufriedengeben wollen mit einer Gesellschaft, die beherrscht ist von Gewinn und Profit, einer Gesellschaft, die unter dem Zeichen der Sinnlosigkeit und Kommunikationslosigkeit steht. Sie bringen das auf ihre Weise zum Ausdruck: nicht mehr einander gehören, sondern nur noch angehören — ohne Autorität, in Richtung auf Anarchie.

Aber ihre Abwendung wird noch tiefer, wenn sie angesichts der unvermeidlichen Prüfungen der menschlichen Existenz — wie Leiden, Krankheit und Tod — plötzlich leer und einsam vor ihrem Schicksal stehen. In solchen Augenblicken der Verlassenheit, der Verzweiflung und der Unzulänglichkeit sind sie ohne Glauben und Hoffnung allein auf sich gestellt und empfinden im Tiefsten ihrer Seele einen Durst nach dem Unendlichen und dem Absoluten, den sie übrigens selbst nicht definieren können. Sie suchen den Schlüssel zum Wirklichen in einem Bemühen, über sich selbst hinauszukommen. Sie leiden und werden vor der durch ihre Isolierung geschaffenen seelischen und moralischen Leere von Schwindel ergriffen. Keine menschliche Kraft reicht aus, um diese Leere zu füllen.

Um dem Menschen zu helfen, ein von seiner Qualität her bestimmtes Leben zu führen und nicht nur ‚eindimensional‘ zu leben, muß man ihn dazu bringen, daß er nicht mehr unaufhörlich wie ein Schmetterling in der Welt herumflattert. Er muß in der Erde Wurzeln schlagen, um bleibende Früchte zu tragen, die ihm in schweren und tragischen Augenblicken Kraft geben können. Ohne eine starke moralische Hilfe kann er sonst im Hin- und Hergeworfensein von Unheil und Scheitern in seiner Umwelt ertrinken, sich verlieren und sich selbst zerstören. Damit begeht er Selbstmord an seiner Existenz, und diese Selbstzerstörung breitet sich heute überall aus. Denn das Wirkliche reicht nicht aus, um Wirkliches zu erklären, und das Natürliche reicht nicht aus, um Natürliches zu erklären. Man muß darüber hinauskommen.

Der Gläubige dagegen hat einen weiten Horizont vor sich. Er fühlt sich in die Dynamik des Evangeliums hineingenommen. Er hat den Sinn seiner Existenz gefunden. In der Kirche hat er die Gemeinschaft gefunden, in der er lernt, uneigennützig und brüderlich zu leben. Für ihn ist die Kirche keine veraltete Institution. Er entdeckt, was es heißt, auf Gott eingestellt zu sein, sich zu öffnen für den Strom der göttlichen Barmherzigkeit, von Gott einen klaren Blick und zusätzlichen Mut zu bekommen. Aus all dem gewinnt er die frohe Gewißheit, daß er unterwegs ist zu einem einzigartigen Gipfel, auf dem seine Sehnsucht nach dem Unendlichen ihre volle Erfüllung finden wird. Wer das erfahren hat, hat keine Angst mehr vor der Askese und ist nicht mehr verloren angesichts der Schwierigkeiten des Lebens. Er weiß, wohin er geht. Und er wird fähig, auch den Preis dafür zu zahlen.

Unser Leben, wie lange es auch dauern mag, bietet uns Gelegenheiten, darüber nachzudenken, wie wir unser inneres Leben zu durchleuchten, zu nähren und zu vervollkommnen haben. All diejenigen, die jene berühmte Altersgrenze erreichen, wo wir immer mehr auf uns selbst und weniger auf die anderen zählen müssen, stehen vor Problemen, die schon lange Zeit vor einem etwaigen Scheitern ernstgenommen werden müssen. Aber weil sie nie daran gedacht haben, finden viele Menschen sich plötzlich vor verschlossenen Gärten, in denen nicht zur rechten Zeit gesät worden ist und sich das Unkraut ausbreiten konnte.

Von einem gewissen Reifealter an — sagen wir etwa von 50 Jahren an — muß man sich Gedanken über sein Schicksal machen, wenn man nicht plötzlich vor einer Leere stehen will.

Was in uns vor sich geht, ist nicht ohne weiteres erkenntlich. Bis zu jenem Augenblick fühlt man sich ganz erfaßt von den Ereignissen des Lebens, und man geht seinen Weg sozusagen nebenher. Man weiß nicht, was in einem vorgeht, und es kann einem passieren, daß man eines Tages einem Haus gleicht, das nichts oder fast nichts hinter seiner wunderbaren Fassade aufzuweisen hat.

In Wirklichkeit geht unser ganzes Leben lang ein unmerklicher und unsichtbarer Reifeprozeß in uns vor. Es sind die Etappen oder die Etagen unseres Lebens, die sich in uns ablagern. Wenn wir ein wenig empfänglich und wachsam sind, können wir etwas Ordnung in das bringen, was das Leben uns gegeben hat, und wir müssen dabei aussondern und wählen. Aber nach welchen Kriterien?

Wir müssen uns dabei an den Grundsatz halten, daß das, was wir zu unserem eigenen Wohl und zum Wohl der anderen wollen, einen Einfluß auf die Entwicklung unseres inneren Lebens hat. Wenn man sich gar nicht danach richtet oder darum kümmert, so ist das ein schlimmes Desinteresse an sich selbst. Man vergißt dabei sozusagen, im Inneren jene Pfähle und Befestigungshaken anzubringen, die die Ladung des Schiffes — das wir selbst sind — festhalten.

Für diese Arbeit an sich selbst sind das Handlesen und die im voraus gedruckten Horoskope von keinerlei Nutzen. Das Leben richtet sich niemals danach. Es hat Besseres zu tun und tut es mit oder ohne uns. Und wenn wir dem Leben bei dieser Arbeit des inneren Ordnens helfen, dann werden wir eines Tages feststellen, daß unser Leben tatsächlich auf das wahre Leben hin ausgerichtet ist.

Die Sorge um unsere Zukunft besteht darin, nach und nach zu entdecken, daß für unsere zukünftige geistliche Gesundheit alles bereit ist. Wenn wir innerlich völlig leer und bloß an der Schwelle unseres Alters ankommen, dann geben wir damit zu, daß wir alles haben gehen lassen, daß wir für keine Vorräte gesorgt haben, solange sie uns noch zur Verfügung standen.

Deshalb ist es nützlich und sinnvoll, rechtzeitig daran zu denken, daß unser ‚zukünftiges‘ Leben, unser eigentliches Leben (wir können sogar sagen unser jenseitiges Leben) in dieser Welt beginnt.

Wir müssen uns darauf vorbereiten, das zu sein, was wir sind, und uns nicht zulange dabei aufhalten, die Rolle spielen zu wollen, die wir uns selbst zugedacht haben, es sei denn, die jeweiligen Lebensumstände tragen ganz natürlich zur Verwirklichung unserer Pläne bei.

Kyrill von Alexandrien sagt uns dazu Folgendes:

„Daß die Seele des Menschen von Anfang an von der Sehnsucht und dem brennenden Wunsch durchdrungen war, alles Gute zu erkennen, hat Paulus deutlich in folgendem Abschnitt zum Ausdruck gebracht: ‚Denn wenn die Heiden, die das Gesetz nicht haben, doch von Natur tun des Gesetzes Werk, so sind sie, obwohl sie das Gesetz nicht haben, sich selbst ein Gesetz; denn sie beweisen, des Gesetzes Werk sei geschrieben in ihrem Herzen, da ja ihr Gewissen es ihnen bezeugt‘. Wenn also die Kenntnis des Gesetzes, das heißt das Ziel des

Gesetzgebers, von Natur aus bei den Heiden gegeben ist, die doch außerhalb des Gesetzes stehen, dann ist daraus klar zu sehen, daß die menschliche Natur ursprünglich gerecht und gut war und daß sie somit von Gott herkommt als nach seinem Ebenbild geschaffen und als bleibendes Abbild seiner Güte" (Adversus Anthropomorphitas = PG 76, 1085).

Die Vertreter des Nichts und des Absurden in unserem zeitgenössichen Denken schlagen seit den beiden Weltkriegen immer dieselben Töne an. Wir kennen ihre Parolen: daß die griechische Antike gelogen hat, daß die Kirche lügt und daß auch der christliche Westen lügt; daß der Westen sich nach dem Vorbild der Kirche und der klassischen Moral ein gewisses Idealbild vom Menschen gemacht hat, das nicht ohne Heroismus auskommt. Der abendländische Mensch neigt zum Absoluten. Er ist sich selbst treu, das heißt, er hält fest an einer gewissen Vorstellung von Größe; daran hält er auch im geistigen Bereich fest durch seinen Sinn für Kontinuität, Ordnungsliebe und Disziplin. Er bewacht sich, er bändigt sich, er beschneidet alle überflüssigen Zweige, damit der Stamm grade bleibt. Selbst als Atheist praktiziert er eine gewisse Askese, er zügelt die eine oder andere Neigung, er lehnt ab, er enthält sich. Statt daß er seine Kraft als nutzloses Wasser verfließen läßt, deicht er sie ein; sie wird zur treibenden und fruchtbringenden Kraft, er läßt sie in die Wüste fließen, die wieder neu aufblüht. Der Sand bringt Früchte, das trockene Holz und die dürren Blätter werden zu fruchtbarem Humus. Daraus werden neue Bäume, die wiederum schöne Früchte bringen, und die Erde fließt sanft wieder ihrem ursprünglichen Paradies entgegen.

Der griechische Mensch neigte zu metaphysischer Erhabenheit. Der christliche Mensch neigt sich hin zu Gott. Der abendländische Mensch neigt zu etwas, was sowohl in dem einen als auch in dem anderen seinen Ursprung hat. Aber für die atheistischen Humanisten gibt es weder Metaphysik noch Gott. Es gibt nichts mehr. Besser gesagt, es gibt nur den Menschen.

Aber was für einen Menschen? Einen Menschen, der losgelöst ist vom Absoluten, der autonom auf sich selbst gestellt ist, ohne Herrn, ohne Richter, ohne Credo, ohne Vorbild. Ein eindimensionales Wesen, das ein ausgesprochenes Original ist, von dem es nur ein Exemplar gibt, das mit Neigungen begabt ist, die sich in keinem anderen wiederfinden und die weder gut noch schlecht sind, weil jede Moral eine Maske ist, und das isoliert ist unter anderen Isolierten. Er geht auf ein Loch zu, bei dem er je nach seinem Instinkt und seiner soziologischen Umwelt rechts oder links abgleitet. Da er unfähig ist, über sich selbst hinauszukommen, ist er seinen Instinkten unterworfen, die ihn sinnlos, manchmal auch schädlich bestimmen. Diesem und jenem gegenüber bleibt er gleichgültig, nur nicht gegenüber sich selbst.

Daher kommt der Pessimismus, die Angst, die Verwirrung. Ohne Hoffnung, ohne Eschatologie wird der Horizont eng. Man sieht das Böse, das Leiden, das Unbeständige, und das alles führt zu Zweifel, zu fehlendem Siegesmut, zu Unsicherheit. Ein Mensch, dem jede Kraft außerhalb seiner selbst fehlt, ist nicht in der Lage, ein lebensfähiges Gleichgewicht herzustellen, ohne seine Überschwenglichkeit zu mäßigen. Es fehlt ihm das leitende Prinzip, das ihn aufrechterhält und alles zusammenhält. Pflichtbewußtsein und Gewissenhaftigkeit sind vage und abstrakte Begriffe. Warum soll er das Leben und die Ehre des Nächsten achten? Wer zwingt ihn dazu? Oder wer drängt ihn dazu?

Die alltägliche Wirklichkeit zeigt uns, daß es Menschen gibt, die keiner Fliege etwas zu Leide tun würden, die aber vor dem Leben zurückschrecken. Das Gute um des Guten willen zu tun, ist nur eine rhetorische Sache. Das hat man uns eingeredet, solange die Welt besteht. Man verachtet den Glauben mit seiner Moral, man stellt eine Lebensregel auf und leugnet, daß die des Evangeliums ihre Probe schon bestanden hat. Man bringt das Evangelium mit Verdrängung durcheinander und verwechselt Heroismus mit einer angeborenen Neigung: „Ein Heiliger folgt seiner natürlichen Bestimmung, nichts mehr, und es ist nicht verdienstvoller ein Heiliger zu sein als ein Feldhüter".

Ein Mensch kann ohne Hilfe des Ewigen keine eigenen Werte für sich selbst schaffen. Er neigt dazu, sein Handeln auf seine Statur, seine gefallene und unsichere Natur zuzuschneiden. Unter seiner raffinierten Fassade wird er zum platten Hedonisten. Da er unfähig ist, ein Held zu werden, macht er seine Ohnmacht zum System. Die Humanisten verwerfen die Heuchelei. Ihr Haß gegenüber allen Masken und ihre Bevorzugung des bloßen Gesichts bieten keine Lösung für das ewige Problem: nämlich wie der Mensch ein ganz anderer werden kann als der er ist, und wie er ein neuer Mensch werden kann. Dies ganze Problem besteht darin, trotz des technischen Fortschritts und der Bequemlichkeiten unserer Zivilisation zu sein, zu werden, sich zu verändern und über seinen gegenwärtigen Zustand hinauszukommen, seine tierische und unvollkommene Natur zu überwinden und zu beherrschen.

Der Mensch, jenes unerkannte Wesen, bleibt ein Geheimnis. Ein Problem ist etwas, das man löst, ein Geheimnis ist etwas, in dem man sich verliert. In vielen Schriften über einen neuen Humanismus oder einen neuen zukünftigen Menschentyp im Zeitalter der Raumfahrt und der Technokratie geht es mehr um das, was uns vor Probleme, als um das, was uns vor ein Geheimnis stellt. Eigentlich geht es dabei gar nicht um ein und dasselbe Problem. Die Probleme sind zahlreich und ungeheuer groß, ob es nun um soziale Förderung, um Entwicklung oder um Fortschritt geht. Man könnte eine lange Liste aufstellen. Der Mensch bleibt ein Phänomen, das sich aus natürlichen Gesetzen erklären läßt, das aber auch unerklärlich ist: Treffpunkt zwischen Gott und Mensch, „Theophanie", Zeichen der Gegenwart des Ewigen, des Heiligen, des Göttlichen.

III. Sünde, Angst und Gewalt

Die Inkarnation hat eine Dialektik zwischen der Heiligkeit Gottes und dem tragischen Zustand der Sünde der Menschheit geschaffen. Der Christ lebt im Widerspruch aufgrund seiner Teilhabe an der Liebe und der Freude Gottes und seiner Solidarität gegenüber der Sünde der Welt. Gewalt entspringt aus Angst. Der Christ kann sowohl von dem einen wie von dem anderen befreit werden, sofern er den Sinn der Geschichte kennt und lebt. Die Liebe triumphiert am Karfreitag über die Gewalt; aber alle Menschen haben sich mehr oder weniger an dieser Gewalt beteiligt.

Wir stellen fest, daß die Sünde im Menschen die Quelle von Unordnung und Gewalt ist, daß das aber weder unabwendbar noch grundsätzlich so ist (nur für eine ungenügend kritische marxistische Analyse). Man kann die Gewalt als ein erstes Aufbegehren der menschlichen Würde angesichts einer Situation der Gewalttätigkeit verstehen. Sie ist zwar in der Lage, diese Würde zu wecken, aber sie reicht nicht aus, um sie sicherzustellen und verlangt deshalb, daß man sie überwindet. Wenn man sich einer inneren unreflektierten Gewalt hingibt, dann kann man vielleicht damit zeigen, daß man ein sensibles Innenleben hat, aber dann läuft man vielleicht auch Gefahr, den Kopf zu verlieren. So wird die so dringlich erforderliche Entwicklungsarbeit auch nicht im Untergrund geschehen, sondern es geht dabei um ein Problem der Solidarität, das im Rahmen von internationalen Institutionen und im Rahmen einer zu schaffenden Weltgemeinschaft gelöst werden muß.

Wenn das Evangelium mit Nachdruck fordert, daß es im Handeln desjenigen Lebensbereiches widergespiegelt wird, für den es zutreffen kann, muß zuerst dafür gesorgt werden, daß Herzen und Seelen den endgültigen Bruch bereuen, der sich dadurch gezeigt hat, daß man sich weigerte, an dem gleichen Kelch zu kommunizieren. Darüber hinaus war das Auftreten von Häresien das Ergebnis einer Herzenstrennung. Denn es geht dabei nicht nur um geographische Entfernungen oder Unterschiede in Kultur und Sprache, sondern um eine Trennung in den Herzen. Und von daher ist Buße und Bekehrung der Seele notwendig.

Der hl. Johannes Chrysostomus hat die christliche Gesellschaft des 5. Jh.s mit einem erstaunlichen Realismus beschrieben. Ohne pessimistisch oder reaktionär zu sein, hat er nichts verbergen können. Mutig und einsatzbereit und ohne Resignation hat er gezeigt, wie der mystische Leib zergliedert und gespalten ist.

Man kann sich die Frage stellen, warum sich die Theologie mit solchen Problemen beschäftigt. Sie muß es nicht nur deshalb tun, weil große Denker wie Plato, Aristoteles, Kant usw. versucht haben, die für den Aufbau eines für alle Menschen bewohnbaren Reiches notwendigen Bedingungen aufzuzeigen, sondern auch deshalb, weil sie in dem heute herrschenden Chaos Verteidigerin der

Vernunft gegen die Unvernunft unserer Zeit ist. Es ist gewiß nicht Aufgabe der Christen, dieses Reich direkt zu regieren. Aber sie sollten doch die Aufgabe haben, die Bürger aufzuklären und sie zu einem klareren, dynamischeren und vernünftigeren Handeln zu führen. Müßte nicht der einzig vernünftige Grund einer legitimen Autorität darin bestehen, daß der endlich vernünftig gewordene Wille zu einer Einigung kommt?

In dem Augenblick, wo bestimmte Vertreter der Humanwissenschaft meinen, sich nicht nur an die Stelle der Philosophen, sondern auch an die Stelle der Politiker zu setzen — und zwar dank der von ihnen angewandten technischen Methoden —, wird die Verteidigung und Verdeutlichung der Freiheit des Evangeliums ihnen sowohl bei den Soziologen und Wirtschaftswissenschaftlern wie auch bei den Theoretikern Gegner zuziehen. Mit diesen Aussagen wollen wir uns gegen eine gewisse Mentalität von Christen wenden, die auf der Grundlage des Evangeliums gerne eine Gesellschaft nach der Art eines irdischen Jerusalem schaffen möchten, die schließlich zum Glück aller Menschen führen soll, kurz gesagt, so etwas wie allgemeine Wohlfahrtseinrichtung, ein Rotes Kreuz, das allen Anforderungen gerecht wird, eine christliche FAO, die jeden Magen füllt, eine UNO, die allen ein Maximum an Kultur zukommen läßt.

Ich sehe im Evangelium keinen Keim für eine Gesellschaft, die schon auf Erden zu absolutem Glück führen würde. Ich sehe nichts, das mir die Gewißheit geben könnte, daß eines Tages vollkommener Frieden zwischen den Völkern herrschen wird oder daß wir wie die Mädchen unter der goldenen Sonne alle goldenes Brot haben werden. Der tragische Irrtum besteht bei einigen darin, daß sie aus der Kirche eine Art irdischer Werbeagentur machen, die zu ihrer Zeit ihr Kapital abwerfen soll, damit sie zu ihrer Zeit die Früchte ernten können. Die Juden zur Zeit Christi erwarteten einen Super-Moses. Wie dumm aber stehen wir da vor den Supermännern! Sie haben nur einen Mann bekommen, der die Welt mit einigen Zentimetern Holz an seiner Krippe und zwei Metern Kreuz auf Golgatha erlöst hat.

Indem er die persönliche Sünde aufdeckt, weist Christus immer wieder auf einen Mangel der bürgerlichen oder religiösen Gesellschaft hin, der eine solche Entwicklung entweder begünstigt oder die Augen davor verschließt. War das nicht der uneingestandene Grund für seine Verurteilung? Christus drängt uns dazu, die Gesellschaft zu reformieren und ihr Strukturen zu geben, die den Menschen diese Entdeckung ermöglichen. Dafür zu sorgen, daß die Last der einen und der anderen nicht zu schwer wird, heißt genauso gut „das Gesetz Christi erfüllen" wie die Last mit ihnen tragen.

Gott hat es zu seinem Hauptanliegen gemacht, den Menschen zu seiner potentiellen Würde hinzuführen. Gott hat dem Menschen göttliche Attribute eingegeben. Auf die gleiche Weise — aber intensiver — hat er gehandelt durch die Inkarnation, die dem Menschen ungeheure Fähigkeiten, Gaben und Charismen gegeben hat, die ihm helfen können, sich auf sein potentielles Schicksal hin zu entfalten. In der Patristik wird der Begriff ‚logikotis' (Vernunftmäßigkeit) oft in Verbindung mit dem Logos, dem Sohn Gottes als der bleibenden Quelle der absoluten Vernunft benutzt.

Der hl. Maximus Confessor (PG 91, 157) bemerkt dazu, daß Gott erfüllt ist von ‚logikotis', nicht daß die Vernunft hier begriffsmäßig gesehen würde, sondern weil Gott der Ursprung des wahren Denkens und des wahren Handelns ist. Der Mensch ist nicht lediglich aufgrund seiner Natur ein Vernunftwesen — im intellektuellen Sinne des Wortes. Er ist weder eine menschliche ‚ratio' noch eine gewöhnliche ‚Autonomie', sondern er hat eine existentielle Verbindung mit dem Unendlichen und besitzt alle Macht, um an der Göttlichkeit teilzuhaben, in Gemeinschaft mit ihr zu bleiben und das Reich des Bösen zu überwinden.

Ohne diese ständige Verbindung und diese enge Beziehung kann der Mensch seine Bestimmung nicht erfüllen. Ohne sie bleibt er Erde, Asche, ein enttäuschtes Wesen, das in ständiger Angst lebt und nicht fähig ist, das Mysterium des Brotes zu erfassen; ohne sie leidet er und scheitert er im Leben. Daher die Tragödie im Leben des von Gott getrennten Menschen. Als lebendiges Wesen existiert der Mensch zwar auf Erden, aber er ist eine tragische, zerrissene Existenz, eine Enttäuschung, ein Scheitern, das nur zur Erniedrigung führt.

Auch hier setzt die Patristik die Sünde wieder in Verbindung zu einer bewußten Mißachtung einerseits des Menschen und andererseits der göttlichen Liebe zum Menschen, die den Menschen erlösen und ihn an der Herrlichkeit Gottes teilhaben lassen möchte. Sünde (‚hamartia') bedeutet also scheitern; der Mensch hat das angestrebte Ziel nicht erreicht. Da der Mensch nach dem Ebenbild Gottes geschaffen wurde, entspricht es seinem Wesen und seiner Intention, daß er sich dem Prototyp, dem zweiten Adam, Christus, zuwendet. Wenn er von seinem Wege abweicht, verliert er die Richtung und befindet sich plötzlich an einer Stelle, an die er niemals gedacht hat. Ein solches Abweichen vom Wege führt dann zu Unordnung, Unzufriedenheit und einem ständigen Kampf zwischen dem, was der Geist, und dem, was der Leib will, um schließlich in Pessimismus, Nihilismus und im Absurden zu enden. Der Nihilismus war auch den großen Gelehrten der Kirche nicht fremd. Maximus Confessor spricht von einem geschlossenen, karikierten Humanismus (PG 91, 1084). Darauf bezieht er das strenge Urteil von Apk 3, 1: „Du hast den Namen, daß du lebest, und bist tot".

Die durch die Sünde hervorgerufene Entstellung geschieht in zwei verschiedenen Phasen. Sie führt in eine geistliche Wüste. Sie schadet den Interessen des Menschen. Obwohl der Mensch an dieser Entwicklung leidet, kann er doch den Gang dieser Entstellung nicht aufhalten. Die Sünde wird für ihn zu einer chronischen Leidenschaft. Aufgrund der Finsternis, die in ihm herrscht, kann er das göttliche Licht nicht sehen.

Er wird sich selbst zum Idol (‚auto-idolon'). Bei dem hl. Andreas aus Kreta heißt es dazu: „Durch meine Leidenschaften bin ich mir selbst zum Idol geworden. Dadurch schade ich meiner Seele. Aber Du Barmherziger, nimm mich Büßer auf und laß mich wieder auf den rechten Weg zurückkehren" (Großer Kanon, Ode 4).

Daher kommt es auch, daß der Mensch, losgelöst von der Gemeinschaft mit Gott, seine Identität nicht finden kann. Der Mensch ist kein autonomes Wesen, das nur aus sich selbst heraus und für sich selbst existiert. Es gibt auch keine unabhängige Freiheit. Eine solche Freiheit, die nicht an bestimmte Prinzipien gebunden ist, führt unweigerlich zur sklavenhaften Bindung des Menschen an illegale Gesetze und zu einem Widerspruch gegen jedes Gesetz (paranomous). Die Ablehnung einer höchsten Autorität schafft ein Klima, in dem keine der Würde des Menschen und seinen Interessen entsprechende Freiheit leben kann, und führt schließlich zur Entmenschlichung und zur Entheiligung.

Heilige sind Menschen, die ihre Fülle, ihre volle Entfaltung erreicht haben, denn sie benutzen ihre Freiheit nicht dazu, um dem Leiden oder einer harten Prüfung zu entgehen, denn hinter ihnen steht Gott, sondern um in Gott und mit Gott zu bleiben. Sie erreichen diese Fülle ihrer Bestrebungen und ihrer Existenz dadurch, daß sie ihren Willen dem Willen Christi als dem fleischgewordenen Sohn Gottes unterwerfen. Die heute herrschende Finsternis, Nervosität, Einsamkeit und Tragödie ist zurückzuführen auf das verzweifelte Bemühen des Menschen, sein eigentliches Schicksal durch ein verfälschtes Leben zu ersetzen. Ohne Christus ist der Mensch der Macht des Aufstands, des Hasses und des Todes unterworfen. Er ist erfüllt von Angst (Johannes Klimakus, PG 88, 945). Aber wenn er mit Gott lebt, ist er voller Vertrauen und von einem Gefühl der Sicherheit erfüllt. Er hat nicht den Eindruck, ein Waise oder ein Verlassener zu sein. Die Lehre von der Liebe Gottes zum Menschen ist eine grundlegende Lehre der orthodoxen Theologie und gibt dem verwirrten Menschen die Gewißheit, daß er ständig unter dem Schutz der Gnade Gottes steht. Angst, Resignation und Zweifel in der Auseinandersetzung mit dem Bösen, dem Leiden und dem Ertrag des christlichen Lebens entstehen deshalb, weil der Mensch noch nicht davon überzeugt ist, daß Gott der allmächtige ‚Pantokrator' ist und nicht nur als gleichgültiger Zuschauer auf das Schlachtfeld unseres Ringens und unserer Ängste blickt.

IV. Das Geheimnis des Leidens

Als Ignatius von Antiochien nach Rom geführt wurde, um dort als Märtyrer zu sterben, tröstete er sich mit dem Gedanken, daß er nun im wahrsten Sinne das von Christus gewollte Leben erfahren dürfe: „Laßt mich die Leidensgeschichte meines Gottes nachahmen", schrieb er an die Christen in Rom, die ihm dieses Martyrium ersparen wollten (Ign., Röm. 6, 3; vgl. ders. Eph. 1, 2).

In einem solchen Fall wird das Leiden (mimitis tou pathous) nicht als bloße äußerliche Konformität verstanden, sondern als eine Wandlung des ganzen Wesens, das sich zutiefst seiner menschlichen Existenz bewußt wird. Durch dieses Teilhaben am Leiden erfüllt sich die Zielsetzung des christlichen Lebens sowie auch die Rechtfertigung des Namens und des Sendungsauftrages eines Christen. Es geht nicht nur darum, etwas zu sagen, sondern auch etwas zu wollen. Es geht nicht nur darum, Christ genannt zu werden, sondern auch Christ zu sein. Mit diesem Grundsatz, den Paulus z. B. seinen Jüngern gegeben hat, wird es uns gelingen, Christus selbst nachzufolgen.

Clemens von Alexandrien hat eine geistliche Überlegung darüber angestellt. Für ihn erfüllt sich die Offenbarung Gottes an die Menschen vom Grundsatz der Gleichartigkeit (homoiosis) her. Gott als Liebe offenbart sich denen, die ihn lieben: „Man muß sich durch die göttliche Liebe an ihn binden, um den Nächsten als seinesgleichen ansehen zu können" (Strom. V I—13). Diese ‚homoiosis' wird dadurch verwirklicht, daß man für den anderen zur Verfügung steht, daß man bereit ist zu grenzenloser Barmherzigkeit, zu Askese, zu mystischer Gemeinschaft mit Gott und zum Martyrium. In seinem Werk „De principiis" weist Origenes vor allem auf die zwei Wege der Barmherzigkeit und des Martyriums sowie des Leidens im allgemeinen hin, um zu Gott zu gelangen. Es gibt keinen anderen Weg als diesen. In den „Mahnworten an die Märtyrer" läßt Origenes Christus als „Typos" erscheinen, dem die Menschen bis zum Opfer nachfolgen sollen, um danach mit ihm aufzuerstehen und in das ewige Leben einzugehen: „Diejenigen, die so dem einen Christus nachfolgen, werden damit zu weiteren Christoi (polloi christoi oi ekeinou mimitai), zu solchen, die dem Ebenbild Gottes gleichen" (Kommentar zu Joh 6, 6.42).

Gregor der Theologe ruft die Gläubigen dazu auf, sich Tag für Tag Christus hinzugeben und seinem Beispiel folgend alles zu ertragen: „Laßt uns durch unsere Leiden sein Leiden nachvollziehen (pathesi to Pathos mimometha) und laßt uns willig auf das Kreuz steigen, wie schwer es uns auch falle" (Reden 45, 23 = PG 36, 656 b).

Wenn das Kreuz nicht Leiden bedeutete, würde es nicht zum Glauben aufrufen, und das Zeichen des Kreuzes wäre kein Bekenntnis des Glaubens. Denn an das Leiden braucht man nicht zu glauben; es reicht, es zu sehen, zu hören und es im Herzen und am eigenen Leib zu spüren. Wenn es überhaupt eine Wirklichkeit gibt, die klar erkennbar ist, dann ist es die des Leidens.

Es ist nicht nur für unsere Sinne erkennbar wie das Licht der Sonne oder die Schreie auf der Straße, sondern es ist ein Angriff und ein Ärgernis für unseren

Lebensinstinkt und für unseren Hunger nach Gerechtigkeit. Es gibt soviele Leiden, die uns so ungerecht, unverdient und absurd erscheinen!

Wie kann man dem Leiden einen Sinn geben?

Durch das Kreuz, das allem Anschein nach selbst ein Ärgernis ist, wird dieses ‚skandalon' hinweggenommen und wird dem Leiden ein Sinn gegeben.

Dem Leiden wird damit eine Wurzel, eine Berechtigung gegeben: die Sünde. Gewiß nicht so, daß jedes Leiden durch eine bestimmte Sünde zu erklären wäre. Hier ist der moralische Konkordismus noch kindischer und krasser als der biblische. Wenn man herausfinden wollte, welche Überschreitung des göttlichen Gesetzes bestraft wird durch eine nationale Niederlage, ein Erdbeben oder eine Überschwemmung, käme man zu einer monströsen Darstellung eines Gottes, der hier auf Erden seine Vergütung genau so hart fordert wie jene Wucherer Shylock und Gobseck, deren Namen schon einen unerbittlichen Klang haben.

Genauso unzulässig ist es zu behaupten, Jesus sei gerade durch den Haß der Juden oder die diplomatische Feigheit des Pilatus gekreuzigt worden. Für unser aller Sünden und für meine eigene Sünde ist er gekreuzigt worden. Er ist nicht nur passiv durch die Gewalt und die Nägel der Henker gekreuzigt worden. Er hat sich dahingegeben, er hat sich für das Leiden geopfert, weil er mich geliebt hat. Nicht daß er meine Sünden geliebt hätte, gewiß nicht! „Ich liebe dich inniger, als du deine Schande geliebt hast", läßt Pascal ihn sagen.

Das Kreuz gibt dem Leiden einen Sinn, nicht so sehr dadurch, daß es das Leiden mit der Sünde in Verbindung bringt, sondern dadurch, daß es das Leiden zum Zeichen und zum Sakrament der Liebe macht.

Allein die Liebe macht das Leiden fruchtbar.

Durch die Liebe wird das Leiden fruchtbar gemacht. Das trockene Holz des Kreuzes ist in Wirklichkeit ein grünes Holz, der Galgen ist ein mit Früchten beladener Baum. Aus jenem Herzen, das tot zu sein scheint und das die Lanze aufspürt, entspringt eine Quelle, aus der das ewige Leben emporquillt.

Für wen? Nur für die Gläubigen, für die Büßer, für die Heiligen? Gott will, daß alle Menschen gerettet werden. Jesus ist nicht nur für sein Volk gestorben, sondern um alle verstreuten Kinder Gottes zusammenzubringen. Als neuer Adam faßt er die ganze Menschheit in sich zusammen. Kann man nicht glauben (und zwar ohne direkte Beweise, denn wir befinden uns im verborgenen Licht des Glaubens), daß alle Leiden, und ganz besonders die Leiden, die uns ungerecht, unerklärlich erscheinen, letztlich durch das Kreuz gerechtfertigt und verklärt werden, daß das Leiden aller Unschuldigen von Gott auf dem Angesicht seines Sohnes als Martyrium angesehen wird, da ja geschrieben steht, daß er alle Tränen abwischen wird, und daß es in der erneuerten Welt kein Schreien, keinen Tod und kein Klagen mehr geben wird?

Bei seinem Meditieren vor dem Kreuz kommt Johannes auf folgende außergewöhnliche Überlegung: „Also hat Gott die Welt geliebt, daß er seinen eingeborenen Sohn dahingegeben hat" (Joh 3, 14—21). Die Verben „lieben" und „geben" bringen das ganze Geschehen der heilsbringenden Inkarnation zum Ausdruck, den ganzen Plan Gottes, wie er sooft in der Bibel deutlich wird, d. h. daß er nicht den Tod des Menschen, sondern sein Leben will, daß er ihn nicht verdammen, sondern in seinem eingeborenen Sohn erlösen will. Dieser Sohn wird nicht der unerbittliche Richter der Welt sein, wie einige ihn gern haben möchten, sondern der Heiland der Welt, der Hirte, der sein Leben dahingibt für die Lämmer Israels und die der sündigen Welt.

Daher richtet sich der Aufruf zum Glauben an jeden Menschen. Glauben heißt, den am Kreuz aufgerichteten Christus ansehen und aufnehmen, mit ihm alle feindlichen Mächte besiegen und in das ewige Leben eingehen. Jeder Mensch richtet sich selbst, indem er sich für oder gegen die in seinem Sohn offenbarte Liebe Gottes entscheidet. Im Grunde genommen richtet Jesus niemanden. Er dringt ein in die Welt der dunklen Schatten, die dem Reich Gottes fremd ist, und wer das göttliche Licht aufnimmt, sieht alles hell werden. Er wird Licht.

V. Die Pädagogik des Leidens

In seinem Brief an die Philipper (3, 20—21) beschreibt Paulus den Sieg über die Welt. Für vom täglichen Leben umgetriebene Männer und Frauen sieht dieser Sieg oft weit entfernt und fast unwirklich aus. Sünde und Scheitern, Frustration und moralische Niederlage scheinen heute das Bild zu beherrschen, und die Drohung einer internationalen Spannung wirkt sich überall aus. Die Welt steht in Gefahr, durch ihre eigenen Befürchtungen besiegt zu werden, und die Menschen fragen sich, was schlimmer ist: die Schrecken eines Atomkrieges oder die andauernde Agonie der Unterwerfung unter einen atheistischen Tyrannen.

Worin besteht dann der Sieg? fragt der mutlose Christ. Die Antwort liegt nicht weit entfernt. Der Sieg ist genauso sicher wie die eigene Verheißung unseres Herrn. Aber für die Welt kommt er — wie das Leben des Herrn und wie das Kreuz — auf unerwartete Weise. Erst wenn Christen ihr ganzes Vertrauen auf die Dinge der Welt setzen, werden sie von Schrecken und Angst ergriffen.

In dem Augenblick wird bei den verschiedenen Auseinandersetzungen über grenzenlose Freiheit, Euthanasie, Einsatz von Kernwaffen oder deren Verwerfung die eigentliche Angst ganz deutlich. Natürlich ist es richtig, daß man sich bei solchen Diskussionen auch engagiert einsetzt, daß man Entscheidungen und

Maßnahmen trifft. Aber das, was diese Epistel uns lehren will, liegt darin, daß, welchen Ausgang die Dinge auch immer nehmen mögen, welcher Mittel der Mensch oder der Satan sich bedienen mag, die christliche Hoffnung nicht geschwächt und der christliche Sieg nicht enttäuscht werden kann. Selbst wenn die heutigen Alternativen unvermeidlich wären und selbst wenn sie gleichermaßen schlecht wären — es ist ja noch nichts bewiesen — bleibt dem Christen der unabänderliche Sieg Christi zu verkündigen.

Wir wollen den Christen von heute einmal nacheinander seine Ängste und Befürchtungen bedenken lassen. Da ist zunächst der Tod, die Verheerung und die Verstümmelung, wie sie durch die mit menschlicher Genialität erfundenen großen und noch besseren Bomben hervorgerufen werden können. Was haben die Nachfolger Christi vom Tod zu fürchten, wenn der Herr für sie die Türen weit geöffnet hat, nachdem er selbst den Tod besiegt hat. Und wenn die Menschen in ihrer Perversität die Welt in Stücke reißen, haben die Nachfolger Christi dann nicht den Triumph der Märtyrer vor Augen, die ihr kostbares Leben in dieser Welt nicht geschont haben und diese Welt freudig verlassen haben, „um bei Christus zu sein, was viel besser ist"? Wenn der Geist oder der Leib zerschlagen ist, dann ist der Herr nicht weit, und dann bleibt seine Hilfe nicht unwirksam. Bei jedem Unglück oder Elend mangelt es nicht an der Kraft des Herrn, sondern an dem Grundvertrauen seiner Diener.

Wenden wir uns nun einer anderen sehr aktuellen Angst zu — daß dieses Land zum Beispiel belagert und versklavt, die Religion verfolgt und unterdrückt, daß die zivilisierte Welt mit Konzentrationslagern übersät werden könnte; daß man sich schrecklicher Mechanismen zur geistigen Beeinflussung bedienen könnte; daß eine ganze Generation von Kindern aufwachsen könnte, die Gott leugnen und ihre Eltern entehren. Schließlich wird auf die eine oder andere Weise irgendwo — wenn nicht in der Zeit dann in der Ewigkeit — die Gnade Gottes regieren. Es ist schon ziemlich schwer für die Kirche, daran zu glauben. Es ist schwer für sie, sich bereitzuhalten. Es ist für die Kirche aber noch schwerer, alle Menschen dazu zu bringen, diesen Glauben zu teilen. Aber der Christ bleibt nicht ohne Zeugnis. Die wahren geschichtlichen Ereignisse bleiben eine Bestätigung der Macht des Herrn und seiner Verheißung, die Welt zu besiegen, auch wenn es hier unten auf Erden Trübsal geben muß.

*

Man muß tatsächlich für den Menschen und für seine Existenz plädieren, was seltsam erscheint, wenn man um sich herum den Lobhymnus hört, der auf ihn gesungen wird, um ihn zu seinen Werken zu beglückwünschen und ihm begreiflich zu machen, daß er zu noch Besserem fähig ist. Zum Abschluß einer

Geschichte, die es sich nicht hat entgehen lassen, dieses triumphalistische Porträt zu trüben, ist noch das Schlimmste gekommen, als der Mensch sich hat gefangennehmen lassen von seinen primitiven Instinkten und seine Fähigkeiten bewiesen hat, indem er die massive Zerstörung erfand. Trotzdem erhält die Devise „nichts als der Mensch" für viele das lodernde Siegesprestige aufrecht. Selbst die Philosophen der Hoffnungslosigkeit waren nicht alle bereit, den Humanismus aufzugeben; einige haben ihn wieder aufgegriffen als immer noch gültige Hoffnung, die ihnen um so lieber war, als sie ihre Legitimität durch eine bedingungslose Kritik beweisen mußte.

Man spricht also vom Menschen; man glaubt an den Menschen. Zur gleichen Zeit breitet sich ein philosophisches Klima — nicht so sehr eine festgelegte Philosophie — aus, das den Zweifel einführt und sogar die radikale Negation fordert. Wovon redet man? Hat dieses Reden vom Menschen ein Objekt? Man nimmt das 19. Jh. als Zeitpunkt für die Erscheinung des Objekts Mensch: als Zeitpunkt, an dem man den Menschen zum Objekt gemacht hat, aber nicht als den Zeitpunkt für die Feststellung, daß er auf diesem Wege nichts erreichen kann. Heute leben wir zu einem anderen Zeitpunkt, an dem man den Tod des Menschen erfindet, vielleicht weniger, um den epistemologischen Bereich zu rekonstruieren, als um bedingungslos eine Philosophie zu bestätigen, die der Wissenschaft die Hände binden würde.

Was hier dem Tode geweiht wird, ist der Humanismus, jeder Humanismus, jede Ideologie, die den Menschen in einen begrifflichen Zusammenhang bringen und diesem Zusammenhang eine ethische Wahrheit zuschreiben will. Man blickt zurück auf den Gang der Entwicklung. Der zum Opfer einer an sich selbst vorgenommenen Mystifizierung gewordene Mensch wird sich endlich des angeblich betrügerischen Handelns bewußt und verwirft auf einen Schlag nicht nur die archaischen Denkstrukturen, die man dem theologischen Zeitalter zuschreibt, sondern auch die Denkformen, die meinten, diese Hindernisse durch die Haltung des Rationalismus und des Positivismus bereits überwunden zu haben. Der atheistische Humanismus wird nicht mehr verschont als die anderen. Auf dem geistigen und moralischen Feld wird alles leergefegt. Es ist die schlichte Verabschiedung des Menschen, der in das außer Betrieb geratene Gebäude der Ideologien zurückgeschickt wird, um die Herrschaft einer neuen Wissenschaft vorzubereiten. Man muß aber weiter hinter den Strukturalismus zurückgreifen, um die eigentlichen Gesichter des Antihumanismus zu entdekken: Heidegger und seine Philosophie des Seins, die neue Version des Positivismus, wie sie vertreten wurde von der Begriffsphilosophie. Nachdem man gezeigt hat, worin Heidegger und der zeitgenössische Positivismus den Menschen enteignen und ihn ungebührlich enteignen, wird deutlich, daß diese Leidenschaft dem Willkürlichen nicht entgeht, daß sie ohne Beweisgrund Wissen von

Praxis und Archäologie von Geschichte trennt. Das Konzept der positiven Wissenschaft „nimmt den Menschen nicht in den Bereich des Denkens hinein".

Es kann nicht anders sein, als daß die Philosophie dem Menschen begegnet, schreibt er: als ihr Objekt par excellence, als das einzige Objekt, das nicht Objekt ist und von daher seine Sisyphusarbeit rechtfertigt; das Objekt, über das immer wieder neu nachgedacht werden muß, weil mit ihm alles anfängt und nichts sichergestellt ist. Das Suchen nach dem Sinn — das ist es, was die Philosophie unausweichlich immer wieder herausfordert.

Es ist nicht notwendig, ein Konzept vom Menschen zu entwickeln, um vom Menschen zu reden. Man muß nur die zerbrochenen Bande zwischen der Philosophie und der Ethik wieder neu knüpfen. Ein außergewöhnliches, nicht reduzierbares Wesen, das einen Sinn haben kann, das gegenüber der Welt offen ist, das sich selbst will: das ist der im Mittelpunkt stehende Gedanke, der festgehalten wird als etwas Beständiges, das einen Humanismus rechtfertigt. Er zwingt die Humanwissenschaften zu der Erkenntnis, daß es ihr Objekt nicht gäbe, wenn es diesen Grundgedanken nicht gäbe.

Die Personen steigen hinab auf den Grund der menschlichen Endlichkeit, der universalen Sinnlosigkeit. Alles ist hinweggefegt worden, die guten und die schlechten Rechtfertigungen, um nur noch die ins Nichts getriebene nackte Kreatur zu sehen, „das zwischen der Unmöglichkeit, nichts über die Existenz zu wissen, und der Unmöglichkeit, nicht zu existieren eingeklemmte Bewußtsein".

Die erste Reaktion angesichts dieser Literatur ist Ablehnung, weil die Verneinung jeglichen Zusammenhangs und Sinns jeden abstößt, der nicht deshalb angeklagt oder verlacht werden will, weil er an einen Sinn glaubt. Man verbirgt nichts von der mit Zorn und Haß geladenen Hoffnungslosigkeit. Ein auf Klarheit bedachtes Bewußtsein ist mehr wert als Bewußtseinslosigkeit. Man muß manchmal mit einem Menschen, der alles verneint, bis ans Ende gehen, um besser herauszubringen, was er verneint. Der Christ wird sich an folgende Bemerkung halten: „Die Verneinung des Menschen kommt einer Verneinung Gottes gleich in einer wütenden Bestätigung des Bösen, so sehr ist der Glaube an den Menschen letztlich verbunden mit dem Glauben an Gott und die irdische Hoffnung mit der religiösen Hoffnung". Man hat noch nicht begriffen, was man alles getötet hat, als man den Tod Gottes verkündete.

*

Die sichere Hoffnung auf die Auferstehung und die Erfüllung aller Dinge durch Christus in Gott — jene Hoffnung, die die Kirche hegt — liefert von sich aus nichts, was man praktische Politik nennt. Aber bis diese Hoffnung in gewissem Maße erfaßt ist, wird die Politik sich als unmöglich erweisen und in verzerrten und verräterischen Opportunismus entarten. Die Meinung der Christen ist ehrlich geteilt. Aber die christliche Meinung ist nicht geteilt hinsichtlich der Auferstehung und des Sieges Christi; und zu dieser Gabe des ewigen Lebens muß die Kirche an jedem Ort und auch am unrechten Ort etwas sagen.

*

Dieses irdische Leben ist eine Schule für die Ewigkeit. Wenn die Menschen diese Schule durch ihre Nachlässigkeit oder ihre Unvernunft so sehr zerstören, daß sie die Existenz auf diesem Planeten auf eine Ebene herabsetzen, die man kaum noch als menschlich zu bezeichnen wagt, dann bleibt die Ewigkeit doch bestehen. Die Auferstehung kann nicht zerstört werden. Das christliche Evangelium läßt sich nicht ändern, weil es sich an einen Zustand des Lebens wendet, in dem die Menschen sich aufgrund ihrer moralischen Schwäche selbst finden. Sie können sich aus Angst vor diesem und jenem verschließen; aber keine verschlossene Tür kann den auferstandenen Christus draußen vor der Tür lassen. Wenn er in der Mitte steht und alle Aufmerksamkeit auf ihn konzentriert ist, dann verschwindet alle Angst, alle Ungewißheit und alle Schwäche. Er bietet uns die Gabe des Friedens an, der die Frucht seines Kampfes ist. Die Sünde und ihre mannigfachen Folgen zählen nicht mehr.

Nach der orthodoxen Hymnographie ist die Periode der „Königin der Feste" eine Zeit der Hoffnung inmitten der Verzweiflung und des Glaubens inmitten der Angst der Welt. Christus ist mit seiner vollen Kraft auferstanden. Ostern ist die Dynamik dieser Kraft, und die Geschichte muß ihre bleibende Wirkung beweisen. Wenn wir es mit Menschen zu tun haben, die von Panik ergriffen sind, dann ist Ostern die richtige Antwort auf diesen Schrei der Herausforderung; und wenn wir gegen die Angst kämpfen sollen, die die Menschheit so hoffnungslos befallen hat, dann ist der Kalvarienberg der Punkt, von dem wir ausgehen müssen.

Die christliche Existenz zwischen Leistung und Leiden

THEODOR SCHOBER

1. Die Themenstellung ist heute weniger denn je populär. Denn beide Begriffe „Leistung" und „Leiden" scheinen eine Polarität auszudrücken, die den Menschen, vor allem in der modernen Industriegesellschaft, ständig größere Spannungen verursacht.

Leistung ist zum Schlüsselwort für die Bewertung des Menschen, Leid zum Reizwort für seine Abwertung geworden.

Leistung zielt auf Entwicklung, Karriere, Fortschritt; Leid markiert Stillstand, Rückschritt, Absterben.

Leistung ist auf Zukunft gerichtet; Leiden scheint Zukunft zu blockieren.

Leistung ist das Wunschbild, Leiden das Schockbild moderner Lebensauffassung.

Leistung gehört in den Bereich vermehrter Lebensqualität; Leiden führt die Negativliste der Bedrohungen solcher Qualität an.

Die folgenden Abschnitte sollen verdeutlichen, daß diese nicht zu verharmlosende Spannung zwischen Leistung und Leiden — den Brennpunkten einer Ellipse ähnlich — erst das Ganze einer christlichen Existenz kreativ — und nicht destruktiv! — zu beschreiben vermag.

2. Die heute auch in der Kirche geübte Kritik an der Leistungsgesellschaft tut not, wo sie Auswüchse des Leistungsdenkens anprangert, die hier wurzelnden Zwänge aufdeckt und die Absolutsetzung dieses Prinzips zum alleinigen Bewertungsmaßstab des Menschen ablehnt.

3. Diese Kritik wird aber falsch, wenn sie überhaupt in Frage stellt, ob der Mensch auf Leistung angelegt ist. Der Auftrag des Schöpfers an den Menschen heißt ihn, die Erde untertan zu machen. Die Arbeit des Menschen entspringt aus dem Segen Gottes (Gen 1, 28) und ist nicht erst Folge der Sünde. Wer den Arbeitsauftrag an den Menschen mit dem verfluchten Acker (Gen 3, 17) in ursächliche Beziehung setzt, verfälscht den Schöpferwillen. Die Gottebenbildlichkeit des Menschen schließt seine Teilhabe am Schaffen Gottes ein. Erst das erfolglose Arbeiten, die Resignation über die „Dornen und Disteln" gehören in den Umkreis menschlicher Schuld. Aber auch dieser „Kummer" mit der Arbeit (Gen 3, 17) hebt ihren Grundcharakter als gute Ordnung Gottes nicht auf und stellt den auf ihr ruhenden Segen Gottes nicht in Frage.

4. Christus ward unter das Gesetz getan und damit als wahrer Mensch auch in die Ordnung der Arbeit gestellt. Mit Recht kann daher 2Thess 3, 10—11 im Namen Jesu geboten werden: „Wenn jemand nicht arbeiten will, soll er auch nicht essen. Denn wir hören, daß etliche unter euch wandeln unordentlich und arbeiten nichts, sondern treiben unnütze Dinge". Wer Christus anders sehen wollte, müßte die Inkarnation bestreiten.

Zugleich aber hat Christus den Fluch über der Arbeitswelt aufgehoben, indem er *den Menschen aus den unmenschlichen Zwängen befreit hat,* in die er sich mit seiner Arbeit fangen ließ und die ihn zum ausbeutbaren Objekt von Potentaten, Systemen und Mächtegruppen erniedrigten.

Der durch Christus aus vielfachen Teufelskreisen erlöste Mensch weiß sich als gnädig angenommenes Kind Gottes, dem die Sohnschaft zugesagt ist, auch wenn er in äußerer Unfreiheit leben müßte. Darum erkennt er dankbar sein Arbeitenkönnen an als

Beitrag zur gelebten Gemeinschaft mit anderen Menschen;
Verpflichtung zur Entfaltung seiner Gaben („Haushalterschaft");
Ermöglichung, für Nächste zu sorgen und ihnen selbst Nächster zu werden (Lk 10);
Mitwirkung an der Veränderung der Welt in Richtung auf mehr Gerechtigkeit und Frieden — und gegen das Chaos egoistischer Weltzerstörung;
Instrument zum Lob des Schöpfers, zur Kommunikation mit Christus, dem er alles verdankt, und zur Teilhabe an der Gemeinde und ihrer Weltverantwortung.

5. Die aus dieser Haltung des Christen heraus erbrachte Leistung hat keinen soteriologischen Effekt. Auch dieser Zwang ist von uns genommen. Vor Gott qualifiziert uns nicht unser Arbeiten, das aus dem Motiv heraus geschieht, Gott zu gefallen. Vor Gott gilt allein unser Verbundensein mit Christus. „Denn es ist hier kein Unterschied: Sie sind allzumal Sünder und mangeln des Ruhmes, den sie bei Gott haben sollten, und werden ohne Verdienst gerecht an seiner Gnade durch die Erlösung, die durch Christus Jesus geschehen ist" (Röm 3, 23—24).

Diese geglaubte und angenommene Erlösung wirkt sich aber nach der immer wieder erfahrenen Entmutigung wegen unseres vielfachen Versagens — auch in der Arbeit — zugleich als Ermutigung aus, zu wirken, solange es Tag ist, die Zeit auszukaufen und auch durch die — in welchem Beruf auch immer — erbrachte Leistung den Gott zu bezeugen, der diese seine Welt nicht nur geschaffen hat, sondern sie auch erhält und sich dabei unsere Mitarbeit gefallen läßt.

6. Daraus ergibt sich die Verpflichtung der Christen, auch in der Leistungsgesellschaft nach Kräften mitzuwirken und dafür zu sorgen, daß möglichst jeder Mensch als Gottesgeschöpf sein Auskommen findet und ein erfülltes Le-

ben hat. Christen können daher die soziale Sicherung im Industriezeitalter nicht andern überlassen, wenn sie selbst die Möglichkeit sehen, zu gerechteren Verhältnissen beizutragen.

Aus dieser Mitverantwortung ist die einschlägige Denkschrift der EKD zu verstehen, in der es z. B. heißt:

„Die Gerechtigkeit verlangt, daß der eigene Beitrag, den jeder für die Gesamtheit leistet, das Maß dafür abgibt, was er als Entgelt erhält, und nicht etwa ererbte Privilegien des Standes oder des Besitzes. Darum entspricht eine an den erbrachten Leistungen sich orientierende Gesellschaft trotz all ihrer Mängel und Auswüchse mehr den Vorstellungen einer gerechten Gesellschaft als frühere Ordnungen, in denen Rang und Stand maßgebend waren. Dabei muß vorausgesetzt werden, daß jeder die gleichen Chancen zur Entwicklung seiner Gaben und seiner Leistungsfähigkeit erhält und daß diejenigen, die keine Leistung für die Gesamtheit erbringen können, von der Gesellschaft angemessen unterstützt und in der Gesellschaft akzeptiert werden. Gerade, wo den Prinzipien der Leistung ein hoher Rang zuerkannt wird, ist zu berücksichtigen, daß die Leistungen jedes einzelnen in vielfältiger Weise von den Voraussetzungen abhängen, die er nicht selber geschaffen hat. Ebenso kann auch der einzelne ohne Rückhalt durch die Gesellschft sich nicht gegen Risiken und Nöte der verschiedensten Art sichern. Das gilt gesamtwirtschaftlich auch für diejenigen, die scheinbar noch eigenständig vorsorgen können. Um so mehr ist die Gemeinschaft verpflichtet, diejenigen Sicherungen zu schaffen, die die Voraussetzungen zur Führung eines menschenwürdigen Lebens sind."

Gekürzte und stilistisch geglättete Wiedergabe der Tonbandaufzeichnung.

7. Christen verstehen das Ergebnis ihrer Arbeit nicht als Testfall für ihr Angenommensein bei Gott. So einfach läßt sich der Segen Gottes nicht ablesen. Die Herrschaft Gottes ist in dieser Weltzeit oft verdeckt unter ihrem Gegenteil: „tectum sub contrario" (Luther). Erst im Kreuz Christi, das dem Unglauben gerade als Scheitern menschlicher Leistung erscheint, wird die abgründige Sinnlosigkeit menschlichen Geschehens enthüllt. Dem Glaubenden offenbart sich dort der „deus absconditus" als der „revelatus".

8. Das Kreuz Christi befreit zugleich vom Leistungsdruck, unter dem die Menschen stöhnen, während sie ihn gleichzeitig als stolzen Ausdruck eines vermeintlichen Fortschritts vielfach rühmen.

Dieses Kreuz ist das Signal des gnädigen Gottes, der selbst die Leistung erbringt, an der die Menschen zerbrechen müssen. Wo dieses Signal begriffen wird, verliert alle erbrachte oder schuldig gebliebene Leistung des Menschen ihren endgültigen Wert. An die Stelle eiskalter Aufrechnung von Soll und Haben tritt jetzt die Mitarbeit an einer *von der Gnade gezeichneten Welt*. Sie läßt sich freilich nicht organisieren, sie ist überhaupt nicht machbar, auch nicht einfach durch neue Strukturen. Jedoch können neue Strukturen, die darauf gerichtet sind, mehr Menschen glücklich zu machen und ihnen zur Entfaltung ihrer Gaben zu helfen, das Vorfeld für eine gnädigere Welt bereiten.

Entscheidend aber wird sein,

wie Menschen, die aus der Gnade leben, in dieser Welt gerade jenen begegnen, die in Finsternis und Schatten des Todes sitzen;

wie Menschen aus der Gnade heraus auch vor unlösbar scheinenden Aufgaben, anderen Menschen zulieb, nicht kapitulieren, weil sie den langen Atem des Glaubenden haben;

wie Menschen aus der Kraft der Gnade trennende Grenzen niederlegen und ungewöhnliche, ja töricht scheinende Schritte zum Verachteten, Entrechteten, Entmutigten, Schuldiggewordenen hin wagen, weil die Liebe sie dazu drängt.

Hier weitet sich die Aufgabe der „Kirche unter dem Kreuz" angesichts der vielen Kreuze in dieser Welt.

9. Denn diese Kirche weiß aus dem Evangelium, daß es menschliches Leben ohne Leiden nicht gibt. An der Stellung zum Leid und zu den Leidenden entscheidet sich die Glaubwürdigkeit des Christuszeugnisses der Kirche.

Weil Gott in Christus einen Leidenden und keinen andern zum Kyrios erhöht hat, kann seine Kirche den leidenden Menschen nicht als nur halbe, defekte, geminderte Persönlichkeit behandeln.

Weil der leidende Christus seine Gemeinde in die Kreuzesnachfolge berufen hat, kann sie die Kategorie des Leides nicht auf der Verlustseite buchen und darf darum nicht tatenlos zusehen, wenn gesellschaftliche oder private Verhaltensweisen gegenüber Leidenden und darum leistungsmäßig unproduktiveren Menschen dazu führen müssen, daß deren Würde als Geschöpfe Gottes und Anwärter der Gnade — in staatlichen Gesetzen, in sozialen Ordnungen, vor allem aber im Bewußtsein der Umwelt — und vielleicht gar im kirchlichen Alltag selbst — gemindert erscheint.

10. Macht die Kirche damit ernst, so muß sie gegen den Strom schwimmen. Denn jedes natürliche Leben, das von der Gnade nicht erneuert ist, neigt dazu, das Leid zu verdrängen, weil keiner aus eigener Kraft den Blick auf die dunkle Seite des Lebens lange erträgt. Das bezieht sich auf das individuelle Leid eines einzelnen Mitmenschen genauso wie auf das globale Leid eines ganzen Volkes oder einer Zweidrittel-Hungerwelt.

Beteiligt sich die Kirche am tatenlosen „Vorübergehen" (Lk 10, 31—32) oder flüchtet sie in verbale Verharmlosungen des Leides, in billige Vertröstungen auf einen „Ausgleich im Jenseits" oder in die vollmundige Ankündigung, sie wolle an einer besseren Weltordnung mitarbeiten, die den Menschen das Leid ersparen könne, dann verleugnet sie ihren Herrn.

11. Was die Kirche den Leidenden aus dem Evangelium zu sagen hat, wie sie sich ihnen in der Solidarität des gemeinsamen Angewiesenseins auf die

Gnade zuwendet und bei ihnen bleibt, und wie sie selber eine Existenz unter dem Kreuz zu leben bereit ist, entscheidet über ihre Christus-Identität. Kein Handeln der Kirche wirkt spektakulärer, kein Zeugnis nachhaltiger, keine Aktion missionarischer, kein Tun notwendender als das rechte Annehmen eigenen und fremden Leides aus der Kraft des gekreuzigten und auferstandenen Christus.

Wer sich dem Leid versagt, verneint das Leben, auch wenn es genau umgekehrt erscheint. Denn zum vollen Leben in der Nachfolge Jesu gehört das Leid, das wir uns nicht suchen, dem wir uns aber auch nicht entziehen dürfen, weil es uns eine andere, freilich vertiefte Form des gesegneten Arbeitens und unter dem Mandat Gottes eröffnet.

12. Darauf weist das Lied des leidenden Gottesknechtes in Jes 53 hin. Dort wird das stellvertretende Leiden ohne Beispiel, in welchem die Kirche Christi Passion vorgezeichnet sieht, zusammengefaßt in der Aussage: „... daß seine Seele gearbeitet hat".

Von daher darf die Kirche dem eigenen Leiden und dem Leid jedes Menschen diese Sinndeutung anbieten: Arbeiten der Seele — im Leiden. Also kein Arbeiten als Teilfunktion, sondern mit dem ganzen menschlichen Wesen und mit all dem, was den Menschen durch Gottes Schöpfung zum Menschen gemacht hat.

Zwar ist Christi Leiden nicht identisch mit unserem Leiden; aber wenn Kreuzesnachfolge überhaupt die Teilnahme an einem Leiden einschließt, dann ist auch die Teilhabe an seinem stellvertretenden Leiden nicht davon ausgenommen, obgleich es von ganz anderer Dignität und ohne soteriologische Bedeutung ist. Leben wir nicht häufig, ohne es zu ahnen, gerade aus geheimnisvollen Kräften, die von fremdem, allerdings angenommenem Leid ausstrahlen? Und sollten nicht auch andere dadurch gestärkt werden, wie *wir* im Leid arbeiten an unserer Seele?

Nach Kol 1, 24 („Nun freue ich mich in den Leiden, die ich für euch leide, und erstatte an meinem Fleisch, was noch mangelt an den Trübsalen Christi, seinem Leibe zugut, welcher ist die Gemeinde") leidet der Organismus des Leibes Christi Schaden, wenn ihm nicht immer wieder ein unter der Gnade Gottes durch Menschen bejahtes Leid „zugeführt" wird.

So kann menschliches Leid als Indienstnahme zu dieser außerordentlichen Mitarbeit am Bau der Gemeinde und damit an der Erneuerung der Welt verstanden werden.

13. Für die einzelnen Kapitel dieser besonderen Lektion in der „Sonderschule Leiden" haben wir keinen Lehrplan. Wenn der Abschluß dieser „Ausbildung" festliegt („daß dieser Zeit Leiden der Herrlichkeit nicht wert sei, die an uns soll offenbart werden", Röm 8, 18), dann gilt es, einige Schritte zu

bedenken, die sich als Gegenkräfte gegen die Zerstörensmächte erweisen können, die sonst im Leid wirksam werden:

a) Gott recht geben im Eingeständnis der Schuld, im Annehmen seines Gerichtes, im Vertrauen auf seine vergebende und heilende Gegenwart;

b) Geduld bewähren: bleiben unter dem auferlegten Leid, was nicht ausschließt, daß wir lindernd, mittragend, heilend und vorbeugend aktiv bleiben — aber nicht ausbrechen in Leidensscheu oder Unglauben;

c) dankbar sein: Wilhelm Stählin betont die unlösbare Verbindung des „eucharistein" als Antwort auf die vielfach im Leben erfahrene charis (Gnade). Danken heißt dann: Echo geben auf den noch weithin verborgenen Reichtum eines geschenkten Lebens und zugleich die hundertfach erlebte Freude dadurch vergelten, daß wir anderen Menschen Freude machen. Wie kann gerade von Leidenden Freude ausgehen!

d) Die Hoffnung festhalten, die an die Stelle jener zerplatzten „Hoffnungen" treten kann und den Hoffenden nicht zuschanden werden läßt. Denn die göttliche Zuwendung endet nicht mit dem Verfall der Körperkräfte. Christus hat dem Tod die Macht genommen und das Leben und ein unvergängliches Wesen ans Licht gebracht. Er hat eine Zukunft begonnen, in der kein Leid und kein Geschrei mehr sein wird.

14. Ohne Christus gilt der Mensch heute weithin nur, was er als nutzbringend im Arbeitsprozeß oder in der Gesellschaft, als Funktionär oder Aktionär usw. vorzuweisen hat. Ist die Grenze dieses Nutzeffektes erreicht, wird dieser Mensch fallengelassen, abgeschrieben, gnadenlos vergessen.

Die christliche Existenz zwischen Leistung und Leiden erfährt — mitten in diesem gnadenlosen Prozeß —, daß sie auch an der Grenze gehalten ist:

Leistung und Leiden sind

nicht aufgezwungene oder selbstgewählte Lebensabläufe, sondern Akte der Befreiung dazu, um für Gott zu leben und zu arbeiten und zugleich für andere da zu sein aus dem Doppelgebot der Liebe, das durch Christi Leistung erfüllbar wird;

Schlüssel, die verschiedene Lebensbereiche aufschließen, welche der Mensch zur eigenen Reifung und zum Sein für andere braucht. Die Schlüssel sind nicht auswechselbar;

notwendige Gewichte (vielleicht als Ballast empfunden), die wir nötig haben, damit unser Leben Tiefgang bekommt;

Berufungsvorgänge in den Kreis der vitalen Arbeiter, denen wir das Wort- und Tatzeugnis schuldig sind, wie Christen ihre Weltverantwortung in jedem Beruf wahrzunehmen haben, in dem man Gott loben kann,

und in den Kreis der Mühseligen und Beladenen, die Gott in eigenen Stunden „besonders nimmt".

In beiden Bereichen will Gott durch diese Berufung Menschen jeweils zu seiner Zeit befähigen, durch die Arbeit an seiner Welt und durch die Arbeit an ihrer Seele Frucht zu bringen, die bleibt — aus Dank und Liebe.

Denn beides — Leistung und Leiden — verkündigt die Kirche als gleichwertige Gnadengabe Gottes, die nicht anders als im Dienst für Gott und seine Welt zu gebrauchen sind. Wem das aufgeht und wer sich dann zu denen gehörig weiß, für die Paulus spricht: ... „als die Sterbenden und siehe, wir leben", der weiß, daß diese Auflösung der Gegensätze nicht gedankliche Leistung oder erträumte Utopia ist, sondern geschenkte Gnade Gottes, der seine Verhüllung auf Golgatha gelüftet hat — eine Gnade, die freilich immer neu erbeten werden muß.

Literatur:

Kazoh Kitamori, Theologie des Schmerzes Gottes, Göttingen 1972; Jürgen Moltmann, Der gekreuzigte Gott, München 1972; Max Scheler, Liebe und Erkenntnis 1955; Wilhelm Stählin: Leiden, Angst und Schuld, Stuttgart 1969; Fritz-Joachim Steinmeyer, Das Industriesystem produziert seine Opfer, Stuttgart 1972.

Protokollbericht

nach der Tonbandaufzeichnung besorgt von *Karl Christian Felmy*

Aus der Diskussion im Anschluß an das Referat von Prof. Dr. Lothar Perlitt

Bobrinskoj: Ich möchte die, wie mir scheint, fundamentale Frage stellen nach dem, was der eigentliche Platz und die eigentliche Bedeutung des Studiums eines alttestamentlichen Stücks oder Materials alttestamentlicher Theologie in unserem christlichen Bereich ist. Zuerst haben wir Geist und Buchstaben des Alten Testaments selbst ernst zu nehmen und nicht zu schnell und zu ungeduldig zu seiner neutestamentlichen Erfüllung zu schreiten. Wir haben die Fragen und Aporien, die Stockungen vielleicht, der alttestamentlichen Schriften ernst zu nehmen.

Aber dann bleibt dennoch die Frage, wie weit kann der Psalm uns — selbst wenn man sehr vorsichtig und wissenschaftlich zunächst einmal sehen möchte, was die Lehre und die Quellen des Alten Testament selbst sind — an die Erfüllung in Christus heranbringen. Und gewiß ist das letzte Kapitel, in dem der Verfasser auf die Frage oder die Aussage des Pilatus: „das ist der Mensch“, zu sprechen kommt, sehr aufschlußreich für die schweigende Antwort Jesu Christi auf diese Frage nicht nur des Pilatus, sondern des Alten Testaments im ganzen, nach dem Bild Gottes, nach dem Ebenbild Gottes, dessen Offenbarung wir in dem schweigenden Stehen Christi vor Pilatus erkennen. Diese Frage nach dem Ebenbild Gottes ist nur ganz am Rande berührt worden. Aber das ist für uns bereits hinreichend, unsere Aufmerksamkeit auf das zu lenken, was am wichtigsten ist: daß es keine Antwort auf die Frage nach dem Bild und deshalb nach dem Wesen, nach der wahren Beziehung des Menschen zu Gott gibt an der Existenz Christi vorbei. Und in diesem Sinne, meine ich, war das Referat heute morgen nicht nur theozentrisch, sondern zutiefst christozentrisch.

Metr. Irineos: Der Psalm spricht von der Herrlichkeit des Menschen; aber das Alte Testament spricht auch von der anderen Seite des Menschen, der Sünde, von der man in der gegenwärtigen Epoche zu wenig spricht. Wir sind heute vielleicht etwas zu optimistisch. Aber wir dürfen nicht vergessen, daß es für Christen auch die andere Seite des Menschen gibt: daß der Mensch Sünder und der Gnade Gottes bedürftig ist.

Kunst: Fanden Sie es nicht ausreichend, Eminenz, was Herr Prof. Perlitt über den Vers gesagt hat, wo von den Feinden Gottes die Rede ist? Ich habe ihn so verstanden, daß er gemeint hat, daß darin gerade auch das bezeichnet ist, was wir Menschen gegen Gott tun. Wir sind ja selber auch die Feinde Gottes in unserer Sünde. Aber vielleicht wollte Herr Prof. Perlitt nachher darauf antworten.

Schneemelcher: Besonders im 1. Teil des Referates von Herrn Perlitt kommt deutlich zum Ausdruck, daß es eine biblische Anthropologie im Sinne dessen, wie man von einer philosophischen Anthropologie spricht, nicht gibt. Anthropologie in dem Sinne, wie der Begriff heute z. T. auch in der evangelischen Theologie verwandt wird, gibt es erst seit dem 18. Jh. Im Laufe der Zeit nach der Reformation hat sich unter dem Titel „Anthropologie" die Schulphilosophie aus der theologisch orientierten metaphysischen Tradition emanzipiert. Das führt zu der Frage: Wie ist der Mensch zu bestimmen, wenn nicht mehr durch Metaphysik und noch nicht durch mathematisch-experimentelle Naturwissenschaft. Das Problem für die Theologie heute, und für die Kirche natürlich in ganz besonderer Weise in der Verkündigung, ist doch dies, wie angesichts einer so ausgeprägten Anthropologie, die ja bis in den Marxismus hineinreicht (Existentialismus, Marxismus haben ja jeweils ihre eigene Ausprägung dieser in der Zeit der Aufklärung entstandenen Anthropologie), nun das genuin christliche Zeugnis, das ohne das alttestamentliche Zeugnis nicht zu verstehen ist, durchgehalten werden kann. Ich glaube nämlich, daß eine der Krisen, etwa im Bereich der deutschen Theologie, darin besteht, daß diese Entwicklung der Anthropologie, unkritisch rezipiert, zum Maßstab auch für das theologische Denken wird. Von da aus gesehen, ist eine solche Exegese von Ps 8, wie wir sie heute gehört haben, so ungeheuer wichtig, weil sie zeigt, wie legitim anthropologisch gearbeitet werden kann. Wir werden heute nicht mehr darum herumkommen, diesen Sektor der Anthropologie, der Humanwissenschaften, weiter zu betreiben. Aber hier wird deutlich, daß von der alttestamentlichen Botschaft, die ja auf die Botschaft des Neuen Testamentes zielt, immer eine Position bezogen werden kann, die es uns ermöglicht, gegenüber diesem modernen Zug der Anthropologie, die völlig von Gott absieht, standzuhalten.

Schober: Das Großartige in dem Psalm und in seiner Auslegung ist, daß zu dem Lobpreis Gottes der Dienst der Schwachen gehört und daß sich die Herrlichkeit des biblischen Menschenbildes unter der Gnade nicht darstellen läßt, ohne daß der Schwache, der Leistungsschwache hier seinen legitimen gleichwertigen Platz bekommt. Hier sehe ich einen Punkt, der bis in unsere christliche Gebetsübung oft falsch ist, in der der Schwache nur am Rande vorkommt, als hätte er den zweiten Platz.

Der zweite Punkt ist für mich die Aussage in dem Referat, der Mensch sei berufen zur Herrschaft; aber er herrsche über das Werk der Hände Gottes, er habe eine übertragene, eine begrenzte Herrschaft. Und dann fährt der Referent fort und sagt etwa, das Mandat werde aufgehoben, wo der Mensch sich Gott versage. Es ist ja nun die Feststellung zu machen, daß rein zahlenmäßig das Herrschen über die Welt und die Gestaltung der Welt immer mehr in die Hände derer übergeht, die sich Gott versagt haben, die meinen, sich Gott zu versagen. Oft geschieht an solchen Orten mehr Entwicklung für den Menschen, als es durch den Dienst solcher Menschen geschah, die sich Gott nicht versagen wollten. Hier habe ich eine große, schwere Frage, die ich nicht beantworten kann: Ob das Mandat Gottes, die Welt vor dem Chaos zu bewahren durch Herrschen und Bewahren, nicht auch solchen Menschen gilt, die sich Gott versagt haben.

Archim. Kyrill Argentis: Wenn der Mensch so in seiner natürlichen Lage mit Herrlichkeit gekrönt ist, wenn Christus den trennenden Graben durch seine Dornenkrone beseitigt hat, wie es in dem Referat hieß, wie kann dann von der Gotteserkenntnis gesagt werden, sie sei nicht natürlich, sondern unnatürlich, wie es jedenfalls in der griechischen Übersetzung heißt? Ist die Gottesbeziehung des Menschen vor dem Fall und nach der Wiedereinsetzung durch Christus nicht natürlich, ist die Beziehung zwischen Gott und Mensch und die Krönung des Menschen mit der Herrlichkeit Gottes nicht ein natürlicher Status des Menschen, und ist nicht die Sünde unnatürlich? Deshalb möchte ich fragen, was im Referat mit „nicht natürlich" gemeint ist. Ich möchte an einen Satz des hl. Irenäus erinnern, der in unserem Begräbnisgottesdienst zitiert wird, daß das schöpferische Wort Gottes die eigentliche Hypostase des Menschen ist, seine eigentliche Substanz. Deshalb besteht ein durchaus natürliches Band zwischen dem Wort Gottes und der menschlichen Existenz, weil die Substanz des Menschen das Wort Gottes ist. Und wenn Gott, wie es in Ps 104 heißt, seinen Odem zurückhält, dann hört das Geschöpf auf zu existieren. So besteht ein völlig natürliches Band zwischen Schöpfer und Geschöpf und besonders zwischen dem Menschen, der nach dem Bild Gottes geschaffen ist, und Gott.

Perlitt: Einiges wenige greife ich heraus. Sie sagten, Herr Prof. Bobrinskoj, die Frage nach dem Bilde sei nur gestreift. Das ist richtig. Dazu müßte man jetzt die Bedeutung des Bildes im alten Orient auch ganz handgreiflich im religiösen Kult entwickeln, was ich jetzt nicht tun kann. Man muß aber sofort zweierlei bedenken: In diesem Ausdruck vom Bild Gottes gründet sich bestimmt eine Übernahme solcher altorientalischen Vorstellungen, und den Ausdruck von der „Gottesebenbildlichkeit des Menschen" haben wir als eingegrenzt von dem alttestamentlichen Bilderverbot zu verstehen. Dieses steht als eine Scheidung von der gesamten altorientalischen Welt dazwischen. Es ist zwar sehr verständlich, daß sich die christliche Tradition von anderen Einflüssen und Interessen her gerade dieses Topos angenommen hat, er ist aber im Alten Testament nicht so zentral, wie er für uns ist, und kommt rein numerisch nur Rande vor.

Das Zweite: Sie betonten das Theozentrische. Das darf man aber auch nicht übertreiben. Man kann zwar nach dem Alten Testament nicht vom Menschen reden ohne von Gott zu reden, man muß aber auch sofort der Tatsache eingedenk sein, daß das Alte Testament nicht von einem menschenlosen Gott redet. Er ist immer in Beziehung und Aktion zum Menschen. Deswegen kann man das Theozentrische dem Anthropozentrischen nicht thetisch entgegenstellen.

Zu dem, was Eminenz Irineos über die Herrlichkeit und Schuld des Menschen sagt, möchte ich sagen: Ich finde es einfach großartig, wie das Alte Testament in allen seinen Schichten dieses Nebeneinander aushält, ohne eine der beiden Seiten irgendwo zu verkürzen. Und schließlich zu dem, was Sie, Vater Kyrill Argentis, sagten: Ihre Frage zu dem, was ich von der unnatürlichen Gotteserkenntnis gesagt habe, geht zurück auf den Ausdruck „physiké" in der griechischen Übersetzung meines Referats. Man muß hier wissen, daß der Ausdruck „natürliche" und „unnatürliche" Gotteserkenntnis für uns in der protestantischen theologischen Debatte sehr geprägt ist. Sie haben sich auf Ps 104, 29 bezogen. Dort wäre „physiké" angebracht. Was ich aber meine ist folgendes: Im Alten Testament gibt es Gotteserkenntnis nur auf Grund von Jahwes eigenem Sprechen. Das ist das, was wir Offenbarung durch das Wort nennen. Auch sein Handeln muß durch sein Wort gedeutet werden. Und von daher gibt es an zentralen Stellen des Alten Testaments auch den Ausdruck „glauben". Und es gibt an ebenso zentralen Stellen die Vorstellung von der „Anfechtung", etwa in dem großartigen Lied vom Gottesknecht, vom „ebed Jahwe", wo die Gemeinde der dort Bekennenden sagt (Jes 53): Wer hat dem, was wir gehört haben, geglaubt? Damit ist eigentlich auch alles gesagt, was man zur nichtnatürlichen Gotteserkenntnis nach dem Alten Testament sagen muß.

Heyer: Die Gesprächsbeiträge, die wir in der ersten Runde gehört haben, waren fast alle getragen von einer Skepsis gegenüber einer sich selbst genügenden Anthropologie und haben darin das Referat bestätigt. Ich möchte nun durch folgendes eine gewisse Gegentendenz zum Ausdruck bringen.

1. Der bedeutendste katholische Theologe unserer Generation, Karl Rahner, dessen Gedanken wir Evangelische ja auch mitdenken, hat eine Wende in der Theologie herbeigeführt, die sein Schüler Metz als die anthropozentrische Wende der Theologie gekennzeichnet hat. Hier erfolgte eine Wegwendung von einer Theologie, die von einem spekulativen Gottesbegriff ausging. In der vorhergehenden neuscholastischen Periode hat man so genau über Gott Bescheid gewußt, daß man einen sicheren Konstruktionspunkt hatte, von dem aus das Ganze der Theologie zu entwerfen war. Karl Rahner hat nun einen neuen Zugang vom Menschen her gesucht, und in diesem Sinne meine ich, sollten wir hinter die anthropologische Wende der Theologie nicht zurück.

2. Es könnte uns das, was wir aus Ps 8 haben gewinnen können, nämlich daß man vom Menschen nicht ohne die Beziehung zu Gott reden kann, allzu ablehnend gegenüber den säkularen Humanwissenschaften machen. Ich teile die Skepsis, daß uns die Soziologie und Psychologie etwa den wirklichen Menschen verdeutlichen könnte, möchte aber diese Skepsis einschränken. Details werden uns doch hier geliefert, Details, die eine theologische Relevanz haben und die wir in unserem Denken und unserem Bemühen um den Menschen, um die Seelsorge mit einbeziehen sollten. Das, was den Humanwissenschaften fehlt, das ist der Integrator. Und so würde ich meinen, daß das, was wir aus Ps 8 und aus der göttlichen Offenbarung überhaupt gewinnen können, zwar unentbehrlich ist, daß von da aus aber auch Linien des Denkens und Suchens in die säkularen Humanwissenschaften führen.

Metr. Damaskinos: Ich habe folgende Fragen: Ist die Beziehung zwischen Gott und Mensch nach der Offenbarung des Alten Bundes eine situationsbedingte Realität? Manifestiert sie sich innerhalb der Grenzen des Bundes oder übersteigt diese Gemeinschaft als solche seine engen Grenzen? Kann diese Gemeinschaft unabhängig von den situationsbedingten Faktoren verwirklicht werden oder sind zu ihrer Manifestation gewisse geographische und andere Zugehörigkeitsbedingungen unbedingt notwendig? Ist diese Gemeinschaft eigentlich exklusiv? Wenn das so ist, kann man vielleicht gar nicht vom Menschen im Alten Testament sprechen, sondern nur von mehreren Menschenbildern.

Schneemelcher: Das Votum von Herrn Heyer führt uns etwas ab von einer Diskussion über das Referat in die Grundsatzfrage der Theologie heute. Dazu muß aber doch wohl bemerkt werden, daß es nicht richtig ist, daß am Anfang das Suchen nach einem Gottesbegriff gestanden hat. Das trifft selbst für die Scholastik nur sehr bedingt zu. Denn auch die Gottesbeweise sind nicht das einzige, was die Scholastik theologisch zu sagen hatte, ganz abgesehen davon, daß sowohl Anselm wie auch Thomas nur zu verstehen sind im Zusammenhang mit einer ganz bestimmten Auffassung der Eucharistie und des Bußsakraments. Die entscheidende Frage für mich, Herr Heyer, ist Ihre für mich etwas überraschende Aussage: es gibt kein Zurück hinter die anthropologische Wende in der Theologie. Diese Aussage rührt nun allerdings an das Fundament unseres Gesprächs mit unseren orthodoxen Brüdern. Wenn dem so ist, daß Neues Testament nur im Sinne von Herbert Braun — um nur ein Beispiel zu nennen — ausgelegt werden kann, würden unsere orthodoxen Brüder mit Recht sagen: Hier trennen uns Welten. Es ist allerdings eine ganz andere Frage, ob die Exegese abstrahieren kann von ihrer eigenen Geschichte. Dieses kann sie natürlich nicht. Nur, worauf es jetzt ankommt, ist doch festzustellen, welchen Stellenwert — um ein modernes Wort zu benutzen — diese Tradition hat. Das heißt, argumentieren wir hier theologisch aus der Tradition der Reformation heraus, oder argumentieren wir aus der Anthropologie heraus, wie sie seit dem 18. Jh., seit der Aufklärung in Europa, weitgehend beherrschend geworden ist. Es ist ja sehr merkwürdig, daß die Anthropologie als von der Theologie losgelöste Wissenschaft zur Geschichtsphilosophie wird, zur Geschichtsphilosophie im Sinne des 19. Jh.s, oder zum Biologismus. Mit beidem können wir aber als Christen uns kaum zufrieden geben. Auch Ihr Exkurs zu Karl Rahner leidet etwas darunter, daß Sie Karl Rahner als Prototyp der katholischen Theologie heute anführen und dann nun noch den unglücklichen Johann Baptist Metz hinzunehmen. Es ist ein Strom, der in der Katholischen Kirche viel Unheil anrichtet. Aber ich würde nicht sagen, daß das *die* Wende in der römisch-katholischen Theologie heute ist.

Felmy: Ich habe den Eindruck, Herr Prof. Schneemelcher, daß Sie Herrn Prof. Heyer mißverstanden haben, und mir scheint, das liegt auch daran, daß Herr Heyer sich auf Karl Rahner gestützt hat. Er hätte auch den Namen Tillich nennen können, der ja auch der Meinung war, daß die Theologie nicht von einem Gottesbegriff, sondern von der Frage des Menschen ausgehen müsse. Ich glaube, wenn man es so versteht, wird man auch nicht feststellen können, daß hier eine Grenze zur Orthodoxie gezogen wird, die nicht mehr überschritten werden kann. Ich glaube nicht, daß die Devise: „Kein Zurück hinter die anthropologische Wende" bei Herrn Heyer bedeutet, daß Braun damit kanonisiert werden soll. Ich erinnere mich an einen Vortrag, den Prof. Zander kurz vor seinem Tod im Ostkirchen-Institut der Universität Münster hielt, in dem er auch davon sprach, daß die Theologie von der Frage des Menschen auszugehen habe. Und diese Frage des Menschen allerdings müsse von der Offenbarung her beantwortet werden. Wenn man es so versteht, bedeutet die Devise „Kein Zurück hinter die anthropologische Wende" nicht unbedingt eine Trennung von der Orthodoxie und eine Absage an sie.

Geißer: Ich möchte die Frage nach dem Menschen als Individuum stellen. Das ist natürlich eine Frage, die typisch ist für die neuzeitliche und speziell auch für die westliche Anthropologie. Die Frage nach dem Menschen als Individuum, nach der Subjektivität des Menschen ist eine Frage, die vielleicht auch speziell die reformatorische Theologie belastet. So wird uns von katholischer und orthodoxer Seite oft vorgeworfen, daß wir am Menschen nur als Individuum interessiert seien. Aber es ist eine Frage, die seit Augustin überhaupt zu unserer westlichen Tradition gehört. Alle diese Aspekte der Frage werden sicher in unseren Gesprächen zwischen Orthodoxie und reformatorischer Tradition irgendwo dann noch vorkommen müssen. Ich möchte heute nur die Frage an den Alttestamentler noch einmal stellen, weil sein Gebiet vor dieser Differenzierung liegt. Nun haben Sie, Herr Perlitt, die Frage auch innerhalb der Auslegung des alttestamentlichen Textes berührt und haben gesagt etwa: außerhalb der

Gemeinschaft des Gottesvolkes und seines Gottesdienstes stößt die Frage des Individuums nach dem Menschen ins Leere. Sie haben aber dabei bemerkt, daß das Alte Testament sehr wohl auch die Frage des Individuums kennt. Und nun möchte ich fragen: Könnten Sie dazu noch etwas mehr sagen? Sie haben erwähnt, das Individuum werde durchaus erfahren im Alten Testament, aber eher als eine Last. Ist es aber nicht so, daß die Einbettung des Menschen, der fragt: „Was ist der Mensch?" in das Gottesvolk im Alten Testament und in der nachkanonischen Zeit selber problematisch wird, daß also diese Last des Individuums zunehmend empfunden wurde, daß also auch das Gegenüber zu Jahwe dann problematisch wurde. Wie ist es etwa mit der Weisheitstradition, die Sie auch hier noch ganz hereinnehmen konnten in diesen Psalm, in die kultische Tradition des Gottesvolkes. Sie löst sich ja später auch zum Teil aus diesem Kontext. Wie ist es mit Hiob? Wie ist es mit der Apokalyptik, wo zwar der Glaubende noch an der künftigen Wiederherstellung des Gottesvolkes interessiert ist, aber für die Gegenwart diese Einbettung in das Gottesvolk nicht mehr gegeben sieht. Das wären also Fragen, die auch im Blick vielleicht schon auf das Neue Testament zu stellen sind: Kommen wir um diese Frage des Individuums herum, gerade wenn wir auch in der heutigen modernen Anthropologie sehen, wie problematisch das Individuum und seine Subjektivität sind. Aber ist es nicht eine Frage, die nicht erst im Westen und erst durch Augustin, und nicht erst durch die Reformation und nicht erst durch die Aufklärung relevant geworden ist, ist es nicht eine Frage, die auch im Alten Testament da steht, so daß man sagen müßte: Auch im Alten Testament, nicht erst heute, gibt es keinen Weg mehr zurück hinter die anthropologische Wende mit all ihrer Ambivalenz. Man könnte es vereinfachend vielleicht so zuspitzen: Der Beter von Ps 8 fragt noch: Was ist der Mensch? Später beginnt der Mensch zu fragen: wer bin *ich*? Dann kommt das ego, eben noch als Last, in den Blick.

Bobrinskoj: Das erste ist, daß die Antwort auf die ganze Frage nach dem Individuum und seinen Glauben an Gott im Alten Testament gefunden werden kann in Augustins Sicht der Psalmen als Gebet Christi selbst. Es ist ein neuer Einblick, den wir dadurch gewinnen können, daß er immer wieder die Psalmen als Gebet Christi selbst empfiehlt und zeigt, wie diese Psalmen die Fragen der ganzen Menschheit und zugleich die Antwort Christi sind: Gebet und Leben.

Das zweite, das mir sehr wichtig zu sein scheint, ist folgendes: Wir kommen zum Ende dieser Diskussion über das Alte Testament. Ich weiß nicht, wie weit wir darauf zurückkommen werden. Deshalb möchte ich die ganze Frage nach dem liturgischen, typologischen, sakramentalen Lesen des Alten Testaments stellen. Und das zeigt, daß eine Dreiecksbeziehung besteht zwischen den alttestamentlichen Realitäten, ihrer Erfüllung in Christus selbst und in Christus allein — und in ihrer Öffnung und Manifestation durch das Ganze des Lebens und des Gebetes und der liturgischen und sakramentalen Erfahrung und Praxis der Kirche. Wir haben den ganzen sakramentalen und typologischen Kontext im Blick zu halten, anders rücken wir dem Alten Testament fern und das Alte Testament uns.

Perlitt: Ich fasse mich kurz und gehe nur auf einiges ein. In die systematisch-theologische Debatte über Rahner usw. will ich mich nicht einmischen — mangels Bildung. Ich möchte nur soviel sagen: Ich habe diesen Psalm und damit ein Stück des Alten Testaments ausgelegt mit der großen Absicht, damit auch die unter uns ja immer wieder *fremde* Stimme zu Gehör zu bringen. Das bringt mich gleich zu dem anderen, was Herr Prof. Heyer sagte über die anthropozentrische Wende auch in der Anthropologie. Dazu würde ich nur sehr kurz sagen: Ich würde mit dem, was das Alte Testament mir etwa hier zur Anthropologie sagt, z. B. auch Humanwissenschaften nicht abtun wollen, könnte auch gar nicht einmal sagen, die Theologie liefere den Integrator. Aber ich würde sagen, sie liefert mir die Basis zur Beurteilung. Denn auch Humanwissenschaften wollen ja von einem bestimmten Ort her gesehen und gewertet sein. Und so ist z. B. die biblische Theologie meine Basis für diese Wertung und insofern auch mein Beitrag zum Konzert der menschlichen Stimmen. Ich würde nichts vereinnahmen wollen. Aber ich würde diesen meinen Beitrag, auch mit den Augen der Welt gesehen, mit gutem Gewissen liefern wollen.

Eminenz Damaskinos! Sie fragten nach der Situationsbedingtheit und etwa nach den Grenzen der Geltung dieser Anthropologie, wie sie etwa durch den Bundesgedanken gegeben sei. Nun, ich muß als Exeget erst einmal den geschichtlichen Weg zu Ende gehen. Ich muß sehen, daß es eine scharfe Grenze gab im Selbstverständnis Israels zwischen drinnen und draußen und daß in dieser Abgrenzung über viele Jahrhunderte der ganze Stolz Israels lag. Erst als Israel sozusagen unter die Völker geriet, und das heißt auch unter den Dreschschlitten der großen Weltgeschichte, wurden auch theologisch diese Grenzen stärker durchbrochen, aber sozusagen nicht aus Antrieb, sondern aus Not. Und dann allerdings geschah das, daß das Wort stärker für alle Welt galt. Ich erinnere noch einmal an den Textbezug, den ich vorhin schon nannte, etwa die vier Lieder vom Gottesknecht, in denen ja gerade die Ärmlichkeit dieser Gestalt zu der Aussage führt: Er bringt das Licht unter die Völker. Ein unsinniger Satz für Menschenaugen. Aber diese Öffnung geschah wieder nicht aus der Stärke, sondern aus der Schwäche heraus. Und letzten Endes wird man wohl einfach dem standhalten müssen, daß die eigentliche Ausweitung durch Jesus und Paulus geschehen ist. Und dies ist ja einer der Gründe, weshalb wir das Alte Testament eben eigentlich nicht lesen können ohne das Neue.

Ein letztes Wort zu dem, was Herr Prof. Geißer sagte zu dem Problem der Individualität. In der Tat spricht ja nun in Ps 8 sehr deutlich ein „Ich", und dieses Ich spricht nicht nur in dem ein wenig weisheitlich geprägten Ps 8, sondern wir kennen dieses Ich bis tief in unsere Liturgie hinein aus den zahllosen Klageliedern etwa des Alten Testaments, in denen wirklich der Einzelne der Gemeinschaft zumindest durch das, was Grund für seine Klage ist, entfremdet ist. Oder denken Sie nur an die auch psychologisch und geschichtsschreiberisch großartig ausgestalteten Schicksale des Königs David. Da ist ja nun wirklich ein Ich mit beiden Händen zu greifen. Aber dennoch wird man sagen müssen: Es gibt in allen diesen Gebeten und in allen diesen Erzählungen das Ich nie ohne die alles entscheidende Einbindung. Das Ich wird nicht theoretisch so sehr in der Subjektivität gedacht wie in der Moderne. Man kann sich das ganz einfach vergegenwärtigen, wenn man etwa an die Enge der altorientalischen Siedlungen denkt, die heute noch an jedem archäologischen Grabungsfeld abzulesen ist. Da war eben eigentlich nichts privat und nichts verborgen, weder Krankheit noch Geburt noch Tod.

Und so schließlich als letztes Ihre Frage nach der Weisheit und dem dort erscheinenden Ich. Nun, die frühe altorientalische und auch israelitische Weisheit war eine Schul- und Traditionsweisheit. Später aber unter dem Einfluß des Hellenismus — nehmen Sie als Beispiel Kohelet — löste sich das Ich von allen Bindungen. Bei Kohelet kommen bezeichnenderweise zwei entscheidende Begriffe nicht mehr vor: das Volk und der Name Jahwe. Und da haben wir die Grenze des Alten Testaments historisch und theologisch erreicht.

Ich sage ein letztes Wort. Das Alte Testament hat m. E. — aber so ist es ja immer bei solchen Zusammenkünften — nach einem so kleinen Referat unter uns nicht ausgeredet. Ich würde mich wirklich trauen zu sagen: Daraus entsteht Schaden auch für das Verstehen des Neuen Testaments. Denn wir dürfen nicht vergessen, daß der Psalter nicht nur in unseren Gottesdiensten unser Gebetbuch ist, sondern auch das Gebetbuch Jesu war.

Aus der Diskussion nach dem Referat von Prof. Anagnostopoulos

Schneemelcher: Es ist etwas viel verlangt, wenn man ad hoc zu einer so umfassenden Studie zu einem Thema der Patristik Stellung beziehen soll. Herr Prof. Anagnostopoulos hat mit Recht an den Anfang gestellt, daß es eigentlich nicht möglich ist, eine Anthropologie der Väter darzustellen. Darunter verbirgt sich natürlich das Problem, daß es keine amtliche Entscheidung eines Konzils oder einer Synode über die Frage der Anthropologie gibt. Es gibt — das wissen unsere orthodoxen Brüder sicher — eine Aussage des 8. Konzils von 869 über die Einheit der Seele. Aber dies ist ein ganz kleiner Punkt innerhalb der Anthropologie, aus aktuellem Anlaß damals wohl so formuliert, der nicht weiter hilft, wenn wir danach fragen, ob es eine offizielle Anthropologie gibt.

Es kommt eine weitere Schwierigkeit hinzu: Die reformatorischen Kirchen sind in der Anthropologie natürlich von der westlichen Tradition — und das heißt also von Augustin — bestimmt. Und die Anthropologie Augustins bedarf natürlich einer sehr intensiven Darstellung, die ich jetzt nicht in der kurzen Zeit geben kann. Immerhin wird man diesen Unterschied zwischen östlicher und westlicher theologischer Entwicklung gerade auf dem Gebiet der Anthropologie nicht genug beachten müssen. Das Referat von Herrn Anagnostopoulos, das einen souveränen Überblick von den Quellen bis hin zu Johannes von Damaskus gegeben hat, hat sich sinnvollerweise auf die griechische Patristik beschränkt. Dabei ist es selbstverständlich nicht so, daß wir jetzt in eine Spezialdiskussion patristischer Einzelprobleme eintreten könnten. Es ist nicht die Aufgabe dieses Kreises, im einzelnen zu überprüfen, ob die Darstellung, die Herr Anagnostopoulos gegeben hat von Gregor von Nazianz oder von Gregor von Nyssa nun im einzelnen richtig ist oder korrigiert werden muß. Das gehört in ein patristisches Gremium. Hier kommt es darauf an: Sind die Hauptlinien, die er gezeichnet hat, richtig, und welche Konsequenzen ergeben sich daraus.

Nun ist es wohl so, daß eine Beschäftigung mit der Anthropologie der Kirchenväter, selbst wenn man sich auf den Osten beschränkt, mit einer merkwürdigen Feststellung beginnen muß. Die erste Beschäftigung mit dieser Frage betrifft die *Seele* des Menschen. Die Debatte des 3. Jh.s, soweit sie anthropologisch ausgerichtet ist, ist konzentriert auf das Wesen der Seele. Es entstehen die verschiedenen Auffassungen: Kreatianismus, Traduzianismus und Präexistenzianismus. Tertullian hat in seinem Buch „De anima" die erste ausführliche Darstellung einer Seelenlehre gegeben, die weithin bis Augustin nachgereicht hat. Es gibt in der östlichen Patristik noch den Präexistenzianismus, d. h. die Auffassung, daß die Seele vor der Zeit existiert hat (z. B. bei Origenes). Dies alles zeigt, daß man sich im 2. Jh. im Bereich der christlichen Theologie mit bestimmten philosophischen anthropologischen Auffassungen hat auseinandersetzen müssen. Denn die Auseinandersetzung über die Darstellung der Seelenlehre, der Psychologie, ist nur verständlich aus dem Bemühen heraus, innerhalb der Theologie eine Anthropologie zu entwickeln, die zwar das antike Erbe kennt und z. T. auch rezipiert, die aber versucht, eine *christliche* Aussage über die Seele des Menschen zu machen. Der eigentliche Einschnitt in der Geschichte der christlichen Anthropologie liegt — wie wollte es anders sein — bei Origenes. Es gibt einen sehr schönen Aufsatz von Hugo Rahner über das Menschenbild des Origenes aus dem Jahre 1947, an dem deutlich wird — das ist übrigens auch einer der wichtigsten Punkte im Referat von Herrn Anagnostopoulos gewesen — daß die Anthropologie nicht zu trennen ist von bestimmten theologischen Grundsätzen, von der theologischen Basis, die bei Origenes nur eine ganz bestimmte kosmologische Spekulation ist. Das, was Origenes vom Menschen zu sagen hat, ist eben nur verständlich im Zusammenhang mit seinem ganzen theologischen System, und dieses sollte man zur Kenntnis nehmen, denn es trifft ja wohl nicht nur auf Origenes zu, sondern auch wohl auf die anderen Kirchenväter. Dabei ist wichtig, daß man bei Origenes verschiedene Gesichtspunkte sieht, die auch in der folgenden Diskussion der Anthropologie immer wieder auftauchen. Herr Anagnostopoulos hat mehrfach die Kappadozier des 4. Jh.s zitiert, Gregor von Nazianz und Gregor von Nyssa; er hat auch zusammenfassend Gregor von Nazianz dargestellt. Es wäre lohnend, Herr Anagnostopoulos, wenn man versuchte darzustellen, wie das Erbe des Origenes uns hier in einer umgewandelten, gereinigten Form begegnet, d. h. daß bei den Kappadoziern das neuplatonische Menschenbild des Origenes viel stärker durch die biblische Aussage ergänzt wird, als es bei Origenes der Fall ist. Dieser Hinweis auf die Bindung der Anthropologie an die Theologie und vor allem an die Soteriologie bei Origenes, kann noch unterstrichen werden, wenn man sich mit dem Menschenbild bei Athanasius näher befaßt. Es ist ja kein Zufall, daß die letzte große Arbeit über Athanasius eben den Titel trägt: „Christus und der Mensch bei Athanasius". Das heißt nun aber, daß es ganz entscheidend für das Verständnis des patristischen Zeugnisses vom Menschen darauf ankommt, daß man den soteriologischen Aspekt in Rechnung stellt, daß also die Erkenntnis, was der Mensch ist, nur möglich ist von der Inkarnation her. Für die frühen Väter ist Selbsterkenntnis des Menschen, was er ist, nur möglich von da aus, daß der ewige Logos selbst Mensch geworden ist und daß von da aus nun dem Menschen der Weg gewiesen wird, sich selbst als den zu erkennen, der ganz tief gefallen ist, der aber nun durch diesen Logos zur Erkenntnis und damit zur „Theosis" geführt wird — oder sagen wir es besser bei Athanasius: theopoiesis. Dies muß man vielleicht noch stärker betonen, als es Herr Anagnostopoulos getan hat, obwohl es auch bei ihm sehr deutlich wird, wenn man sich die letzten Thesen ansieht.

Herr Anagnostopoulos hat gesagt, daß die Väter vom Menschen realistisch reden. Dieses ist eine Folge dessen, daß sie die alttestamentliche Botschaft ernst genommen haben. In der patristischen Diskussion — soweit sie anthropologisch ausgerichtet wird — spielt nicht nur Gen 1, 26 und 27 eine Rolle, also die Erörterung darüber, was Eikon und Homoiosis ist, sondern auch jene alttestamentliche Erzählung vom Sündenfall, die nun bei den Vätern — angefangen bei Meliton von Sardes — aus dem Alten Testament heraus belegt wird. Wenn Sie sich den Lasterkatalog — anders kann man es kaum nennen — des Meliton von Sardes in seiner Passahomilie ansehen, dann wird ein Realismus deutlich, der nur verständlich ist vom Alten Testament her. Der Mensch wird geschildert als der, der durch die Schuld Adams ganz tief verstrickt ist in Unzucht, in Mord und Haß usw. Das ist der Realismus der Väter. Der Optimismus, von dem

Herr Anagnostopoulos in Punkt 2 seiner Zusammenfassung gesprochen hat, würde von mir nicht so ausgedrückt werden; vielmehr würde ich auf die sehr frühe Vorstellung der Väter von der oikonomia hinweisen. Es ist das Merkwürdige, daß von Meliton an — vor allem bei Irenäus natürlich — dieser Begriff oikonomia eben die Schöpfung, den Fall und die Erlösung einschließt. Das heißt nun aber: der Mensch wird zwar in seiner Verantwortung als einzelner gesehen, er wird aber im Grunde kaum noch als Individuum angesehen, sondern als ein Teil, dem ein bestimmter Platz im Heilsplan Gottes angewiesen ist. Und zwar der Mensch, der so realistisch gesehen wird, wie es bei den Vätern immer wieder der Fall ist. Das Übergeordnete — die Väter sind nicht am Einzelnen, überhaupt am Menschen so interessiert —, aus dem die Anthropologie abzuleiten ist, ist der Heilsplan Gottes.

Und das dritte, was hier nun von uns als Zusammenfassung gesagt worden ist, ist sicher richtig — daß die institutio oder anakephalaiosis oder wie auch immer nur möglich ist durch die Menschwerdung des Sohnes Gottes: Das ist aber auch nur verständlich als ein Teil jener oikonomia. Und von da aus wird deutlich, daß — wie ich es am Beispiel des Athanasius versucht habe anzudeuten — die eigentliche Aussage über den Menschen, was er ist und was er zu tun hat, nur möglich ist von der Christologie her. Und so kommen wir m. E., wenn wir nach der Anthropologie der Väter fragen, zu dem Schluß, daß die Anthropologie nur dann richtig verstanden wird, wenn sie als Konsequenz des Trinitätsdogmas und der Christologie gesehen wird. Und deshalb hat es niemals eine dogmatische Entscheidung über die Anthropologie gegeben.

Nikolaou: Die Kluft zwischen dem Alten Testament und den Kirchenvätern erscheint mir als etwas zu groß. Es hätte vielleicht vorher auch im Umriß etwas über das Neue Testament gesagt werden sollen. Ebenso hätten die lateinischen Kirchenväter zu Worte kommen sollen. Der Realismus, von dem hier immer wieder gesprochen worden ist, ist gewissermaßen ein theologischer Realismus. Dieser Realismus setzt bestimmte theologische Kategorien voraus. Es ist nicht der Realismus der griechischen Philosophie, wo der Mensch etwa bei Protagoras als Maß aller Dinge genommen wird, sondern der Mensch in der Theologie: In der griechischen Philosophie wendet man sich zum Innern des Menschen (Gnothi seauton!). In der christlichen Anthropologie geht man vom Geschaffensein durch Gott vom Urstand, Fall und der Wiederherstellung in Christus aus. An dieser Stelle habe ich eine andere Meinung als Sie, Herr Prof. Schneemelcher. Es gibt nämlich bei den Vätern tatsächlich einen starken Optimismus. Die oikonomia, von der Sie gesprochen haben, ist genau die Basis, die diesen Optimismus rechtfertigt. Weil Christus Mensch geworden ist und uns das Heil geschenkt hat, darum *kann* der Mensch sich auf seine Rettung hin, auf das Eschaton, ausrichten.

Es gibt m. E. — anders als im Referat von Prof. Schneemelcher zum Ausdruck kam — auch wichtige Aussagen der ökumenischen Konzilien über den Menschen, und zwar im Zusammenhang mit der Christologie und der Soteriologie, die sich oft mit der Anthropologie berührten.

Schneemelcher: Sie haben sich daran gestoßen, daß ich den Optimismus etwas eingeschränkt habe. Unter einer optimistischen Anthropologie verstehe ich eine Auffassung, nach der der Mensch von Anfang gut ist. In diesem Sinne ist die Anthropologie der Aufklärung optimistisch. Alles Schlechte wird hier auf Erziehungsfehler zurückgeführt. Der Optimismus, der auf der oikonomia beruht, ist ein anderer als dieser aufklärerische. Daß der Mensch völlig gut ist, ist eben nicht die Auffassung der Väter.

Zum zweiten: Sie haben natürlich völlig recht, wenn Sie an die Debatte um die Seele Christi im 4. Jh. denken. Das sind überall anthropologische Aussagen mit eingestreut. Nur gibt es keine einheitliche Entscheidung der Kirche über die Anthropologie entsprechend den Entscheidungen über Trinität und Christologie.

Anagnostopoulos: Ich wollte einiges zu dem sagen, was Herr Prof. Schneemelcher geäußert hat. Ich habe versucht, ein Bild der anthropologischen Frage nach dem Denken der Väter zu geben, das in der Diskussion bei ihnen immer mit dem christologischen und soteriologischen Problem verbunden ist. Im Denken der Väter geht es durch die Jahrhunderte hindurch hauptsächlich darum, den Menschen in Beziehung zum Erlösungswerk Christi zu setzen. Wenn wir so daran gehen, über die Anthropologie zu sprechen und versuchen, den Menschen bei der Diskussion über seine Seele oder seine Natur von der Christologie oder Soteriologie abzulösen, so denke ich, daß es im patristischen Denken — ob es einige Ausnahmen geben mag, weiß ich nicht — unmöglich sein wird, eine solche Art von Anthropologie zu finden, die von der christologischen und soteriologischen Frage abgelöst ist.

Und zweitens: Wenn wir sagen, daß es in den ökumenischen Konzilien keine Entscheidung über den Menschen gibt, dann heißt das, daß auf den ökumenischen Konzilien nichts über den Menschen speziell gesagt worden ist. Wenn wir aber den Menschen in die christologische Frage mit hineinnehmen, dann ist die Frage dort diskutiert worden, insbesondere auf dem vierten Konzil.

Heyer: Es ist für einen evangelischen Theologen eine Freude, einen orthodoxen Patristiker in der ungebrochenen Kontinuität seiner Kirche und in der Identität der griechischen Sprache die Vätertheologie und -anthropologie auslegen zu hören. Auch bei uns ist eine Begierde wach geworden, aus der Vätertheologie zu lernen, und wir bemerken die Fülle in der Auslegung, die die griechischen Väter uns gaben. Dennoch ist unser Verhältnis zu den Kirchenvätern durch den Satz des Melanchthon mitbestimmt: in iudicando sequimur.

Sequimur, wir folgen, wir sind nicht geschichtslos; aber wir suchen auch ein Urteil dabei zu gewinnen. Und dieses iudicare möchte ich auch an einem Punkte geltend machen, nämlich den Ausführungen gegenüber, die unser Referent dort gegeben hat, wo er als patristische Lehre dartat, es gäbe eine Notwendigkeit Gottes, daß der Mensch nicht im Verlust bleibt. Das wird für fundamental ausgegeben. Gott konnte den Menschen nicht im Verlust lassen. Hätte er das getan, so wäre er kein vollkommener Gott-Schöpfer. So weit etwa Prof. Anagnostopoulos. Ich frage mich: sollte nicht der Apophatismus einen orthodoxen Theologen zögern lassen, aus der kataphatischen Aussage des Vollkommenheitsattributs spekulativ zu folgern, daß es Notwendigkeiten für Gott gäbe und nun auch noch diese Notwendigkeit, den *Menschen* nicht in Verlust zu lassen. — Welchen Menschen? Alle Menschen? Führt nicht die Logik, die uns hier vorgeführt worden ist, notwendig zur Apokatastasis panton, zu einer Grenze, die wir nicht überschreiten sollten?

Melia: Ich denke, daß es wichtig ist, diese Frage im Lichte dessen zu betrachten, was mir zentral zu sein scheint in der gegenwärtigen theologischen Debatte über Theozentrismus und Anthropozentrismus. Ich glaube, daß die Position der griechischen Väter viel moderner ist, als man meint. Denn ihr ganzes Denken war auf dem Stand ihrer Epoche, mit dem griechischen Denken, mit dem Denken des Platonismus und Neuplatonismus. Nach diesem Denken gab es eine Erniedrigung Gottes, die auf den Menschen hin zweckte und dann auch auf die Materie. Das war eine Art etappenweiser Erniedrigung. Origenes hat alles in dieser Perspektive gesehen. Die griechischen Väter haben diese Perspektive der Basis der Offenbarung über die Schöpfung umgekehrt. Und dadurch haben sie die Realität des Menschen, der von Gott geschaffen ist, wiedergefunden, des Menschen als eines in einem gewissen Sinne unabhängigen Wesens, als eines realen Wesens, weil Gott ihm das Sein gegeben hat. Und darum ist es sehr wichtig, diesen Gegensatz der Perspektiven zu unterstreichen, wie man es sehr deutlich bei Origenes einerseits und dem hl. Maximos andererseits sieht. Zwischen dem Denken dieser beiden besteht vielleicht der größte Gegensatz. In diesem Sinne gibt es einen Humanismus bei den Vätern. Hier ein strenges Gefängnis des Menschen, das darin besteht, daß er geschaffen ist, und dort die Möglichkeit der Synergeia in der Gnade, einer Mitarbeit des Menschen mit Gott.

Eine andere Perspektive, die mir bei den Vätern sehr wichtig zu sein scheint, ist — selbst, wenn man das Wort nicht gebraucht — die Eschatologie. Sie haben den Bischof, den Priester, soweit sie die sakramentale Wirklichkeit leben, und zugleich auch den Menschen überhaupt in seiner eschatologischen Perspektive gesehen. Das Schema des hl. Maximos ist bekannt: Das Sein, das bessere Sein, das ewige Sein. Das ewige Sein — das ist der eschatologische Mensch. Auch der hl. Gregorios Palamas sieht diese eschatologische Dimension des Menschen. Und wenn man vom anthropologischen Realismus der Väter spricht, dann ist das ein eschatologischer Realismus.

Anagnostopoulos: Ich möchte zur Frage der Notwendigkeit etwas sagen. Ich habe die entsprechende Stelle im Text, auf die Sie anspielen, nicht gefunden. Aber ich denke, daß es sich um eine Frage der Übersetzung handelt. Ich habe nicht in *dem* Sinne von einer Notwendigkeit gesprochen, als wäre Gott verpflichtet gewesen. Sondern was die Väter meinen, ist, daß Gott, der die Welt geschaffen hat, diese nicht verloren gehen lassen will. Das ist sein ewiger Heilsplan.

Aus der Diskussion nach dem Referat von Prof. Heyer

Damaskinos: Herr Prof. Heyer, unter Bezugnahme auf Prof. Balca haben Sie gesagt: Die Lehre vom Menschen bestimme das Schicksal der Theologie. Sie sagen mit Recht, daß es keine bindende orthodoxe Anthropologie gibt, sondern nur subjektive theologische Meinungen, die sogar manchmal weit auseinandergehen können. Ich vertrete hier z. B. auch eine andere Meinung als Prof. Balca und möchte das Gegenteil von dem behaupten, was er behauptet hat: Nicht die Lehre vom Menschen bestimmt das Schicksal der Theologie, sondern die Art und Weise, auf die man Theologie betreibt, bestimmt das Schicksal des Menschen und die Anthropologie. Die Theologie *redet* nicht nur von der Menschwerdung Gottes. Die Theologie ist gerade das Terrain, auf dem die Realität dieses neuen Menschen in Christus gelebt und erfahren wird. Der neue Mensch wird durch Teilhabe am Leben der Kirche bestimmt.

In Ihrem Referat haben Sie den verstorbenen Professor Evdokimov zitiert. Nach Evdokimov wird die Ähnlichkeit mit Gott im Prozeß der Heiligung in der Erfüllung des Ethischen gewonnen. Ich weiß nicht, ob Sie Evdokimov hier richtig wiedergeben. Ich glaube nicht, daß die Ähnlichkeit mit Gott im Prozeß der Heiligung in der Erfüllung des Ethischen liegt. Man darf das Ethische nicht isolieren und als autonom betrachten. Das würde zu einer ethischen Autonomietheoretik führen. Die ethische Erfüllung ist eine selbstverständliche Konsequenz der Erneuerung, der Pneumatisation des Menschen, die wieder durch die Teilnahme am Leben der Kirche, durch die Gnade des Hl. Geistes, durch das sakramentale Leben verwirklicht wird. Das Ethische ist eine selbstverständliche Konsequenz der Transfiguration des Menschen. So sieht es die morgenländische Theologie jedenfalls. Die evangelische Theologie hat dagegen das Ethische etwas herausgegriffen und als autonom betrachtet. Vielleicht irre ich mich. Aber ich möchte das zur Diskussion stellen.

Nach Prof. Heyer läßt die orthodoxe Anthropologie die imago-Vorstellung in einer Abstraktion stehen, die die faktische Geschichtlichkeit des Menschen von sich fern hält. Ich weiß nicht, ob Sie, Herr Professor, die orthodoxe Anthropologie richtig wiedergeben. Ich glaube nicht, daß das Bild so abstrahiert wird. Es geht um eine dynamische Konzeption vom Menschen, wenn man überhaupt davon sprechen kann.

Kyrill Argentis: Es scheint mir, daß die orthodoxe Anthropologie wesentlich auf die Unterscheidung zwischen Bild (image) und Ähnlichkeit (ressemblance) gegründet ist, die im 2. Kapitel des Referats des Herrn Professors erwähnt ist. Diese Unterscheidung geht, glaube ich, auf den hl. Basilius zurück, der den biblischen Begriff der Genesis „kat' homoiosin" dem Ausdruck des 1. Johannesbriefes „dem Vater ähnlich sein" gegenüberstellt. „Bild" ist gewissermaßen ein zweidimensionales Bild. Die „Ähnlichkeit" ist wie ein dreidimensionales Bild, wie ein Relief. Und wie Sie gut unterstrichen haben, liegt es am Menschen, frei mit der Hilfe des Hl. Geistes, gewissermaßen durch die „synergeia", durch die Zusammenarbeit des Handelns des Geistes und der Freiheit des Menschen vom Bild zur Ähnlichkeit zu kommen, vom zweidimensionalen zum dreidimensionalen Bild, d. h. im Laufe des ganzen Lebens eines Menschen immer mehr dem göttlichen Modell ähnlicher zu werden. Nach der Bibel ist das Bild „sehr schön" (kala lian), extrem gut geworden, wohingegen die Ähnlichkeit am Ende vollkommen sein soll. Und die ganze theosis, die ganze Vergöttlichung besteht genau darin, vom „sehr gut" zur Vollkommenheit des Bildes Gottes zu gelangen durch das Handeln des Hl. Geistes, der mit der Freiheit des Menschen zusammenwirkt.

So ist der göttliche Ratschluß vor dem Sündenfall. Der Sündenfall scheint mir in einer unendlich kleinen Abweichung zu bestehen, die aber alles ändert. Das Gebot Gottes lautet: „Seid Gott ähnlich." Die Suggestion des Versuchers aber sagt Eva: „Du wirst sein wie Gott." Der sprachliche Unterschied zwischen „Gott ähnlich" und „wie Gott" ist ganz klein; aber der moralische Unterschied ist unendlich. Anstatt Gott als Modell zu nehmen, dem man immer ähnlicher wird, nimmt sich der Mensch des Falls selbst als Gott. Er möchte selbst Gott werden, nicht Gott ähnlich werden, sondern Gott ersetzen. Anstelle Gottes als Zentrum bin ich es selbst, der im Zentrum steht, das ist die satanische Versuchung, in die Eva und Adam fallen. Dadurch ist das Bild Gottes nicht zerstört, aber entstellt, zur Karikatur geworden. Statt ein flacher Spiegel zu sein, wird der Mensch ein konkaver oder konvexer Spiegel, und dadurch wird das Bild grotesk. Der so zur Karikatur gewordene Sünder hat so zu einem großen Teil die Freiheit verloren, vom Bild zur Ähnlichkeit zu gelangen. Es kommt die Inkarnation. Durch die Inkarnation wird das vollkommene Bild Gottes, das das Wort ist, der Natur des Menschen, dem zur Karikatur gewordenen Bild des Menschen gewissermaßen aufgedrückt. Und durch die Einheit der zwei Naturen in Christus wird das Bild Gottes im Menschen vollkommen wiederhergestellt. Die Ähnlichkeit, und nicht nur das Bild ist in Christus vollkommen realisiert.

Aber das, was auf vollkommene Weise in Christus realisiert ist, muß auch im Menschen realisiert werden. Und das genau ist das Werk des Hl. Geistes und des Menschen zugleich, die Synergia beider. Bereits durch den Glauben und die Taufe wird die „Ikone" restauriert. Der Hl. Geist, der auf irgendeine Weise in der Myronsalbung handelt, erstattet dem Menschen die Fähigkeit wieder, dem göttlichen Modell immer ähnlicher zu werden. Und der ganze Verlauf des Lebens in Christus wird dieser Empfang des Handelns des Hl. Geistes durch den Menschen sein, des Hl. Geistes, der Stück für Stück das Bild zur Ähnlichkeit transformiert und transfiguriert, und wie der hl. Paulus im 2. Brief an die Korinther schreibt, den Menschen von Herrlichkeit zu Herrlichkeit führt, wobei er das bereits in Christus realisierte Modell immer vor sich hat. Werk der Freiheit des Menschen? — Ja, aber Werk vor allem des Hl. Geistes. Denn es ist der Hl. Geist, der fortschreitend im Menschen das realisiert, was in Christus auf vollkommene Weise realisiert ist. Es geschieht durch die Zusammenarbeit des Menschen mit dem Hl. Geist, daß der freie Mensch sich Stück für Stück die Einung der beiden Naturen aneignet, die in Christus realisiert ist. Das ganze Mysterium der Wiederherstellung des Menschen durch die Inkarnation, durch das Kreuz, durch die Auferstehung, die Himmelfahrt, das Sitzen zur Rechten und auch die Wiederkunft muß sich realisieren, muß angeeignet werden von jedem Menschen durch das Handeln des Hl. Geistes, der fortschreitend im Zusammenwirken mit der menschlichen Freiheit den Menschen nach dem vollkommenen Bild Christi transformiert. Das ist das Werk aller Sakramente, das ist das Werk der Kirche, das ist das Werk des sittlichen Lebens. Das ist das Ziel des ganzen Lebens der Kirche und des ganzen Lebens des Menschen, schließlich das zu realisieren, was am Tage der Verklärung auf vollkommene Weise an Christus geschehen ist und was auf vollkommene Weise am Ende der Tage am Menschen geschehen wird — und schon in dieser Welt durch den ganzen Kampf der Heiligung geschieht.

Bobrinskoj: Herr Prof. Heyer hätte über die Anthropologie in der gegenwärtigen orthodoxen Theologie nicht mehr sagen können, als er gesagt hat. Es ist das Verdienst von Nissiotis und Evdokimov, hier etwas gesagt zu haben, aber vielleicht auch ohne genügend die Geschichte der Pneumatologie zu berücksichtigen. Ich denke besonders an den sehr großen Beitrag der Syrer und an die syrische Pneumatologie, die wir in den Schriften etwa des hl. Ephräm und auch in der liturgischen Tradition dieser Kirche heute finden, in ihrer Christologie, die einen viel tieferen und intimeren Wert in ihrer Sakramentenlehre erhält, wo der Hl. Geist nicht nur als Geist der Vervollkommnung und Erfüllung erscheint, wie Nissiotis heute wieder in Erinnerung gebracht hat, sondern als der Initiator, als der der inkognito den ganzen Prozeß eröffnet, der den Menschen aufwachen und aufwachsen läßt und als Initiator der Erneuerung des Menschen in Gott, noch bevor sich der Mensch dieses Prozesses bewußt wird. Und ich denke, daß der Hl. Geist, wie Vater Kyrill Argentis herausgestellt hat, von Anfang bis zum Ende am Werk ist, auf dem ganzen Weg des Menschen von der Hölle, in der jeder von uns durch die Sünde steht, zur Erlösung und Vervollkommnung. Der hl. Augustinus, der für die westliche Theologie sehr repräsentativ ist, hat dazu beigetragen, daß der Hl. Geist im Westen dann nur in der Kirche am Werke gesehen wurde. Das ist eine schwere Bürde und ein schweres Erbe der ganzen westlichen Theologie, die Kirche allein auf die Kirche und allein auf den Bereich des Sakramentalen begrenzt zu haben. Und das Verdienst der syrischen und östlichen Theologie, insbesondere des hl. Johannes Chrysostomos und des hl. Basilius bestand darin herauszustellen, wie der Hl. Geist im Kosmos wirksam war von seinem Anbeginn an und bei der Schöpfung des Menschen.

Das Erbe des hl. Augustin und der Scholastik, repräsentiert durch Thomas von Aquin, spüren wir ebenfalls sehr schwer in der Definition der Person als Beziehung. Und wenn Gogarten, den Sie heute erwähnt haben, von dem Bild Gottes sprach und dies einzig als Relation zu den anderen und zu Gott versteht, dann ist das gewiß für uns die durchaus logische Konsequenz eines sehr tief eingewurzelten kontinuierlichen Denkens in der westlichen Theologie. Wir glauben, daß das Geheimnis der Inkarnation das Beieinander der Einzigartigkeit der Person und seiner Relation zu den drei Personen der hl. Dreifaltigkeit, die eine gemeinsame Natur haben, ist, und daß das, was bei Gott in der Trinität wahr ist, zugleich ähnlich in einer tieferen realistischen Ähnlichkeit vom Menschen in seinem kooperativen Sein wahr ist.

Der letzte Punkt: Es ist leicht zu sagen, wir Orthodoxen würden auf den Menschen gewissermaßen als auf Christus, als auf den neuen Menschen schauen, und versuchen, auf das Geheimnis und die Tragödie des alten Menschen mit den Augen Christi zu blicken. Ich denke, es ist ebenso wichtig, den asketischen Mut und die Kühnheit zu haben, sich mit Geduld in den alten Menschen in seiner Situation zu vertiefen. Und gewiß sind wir Orthodoxen manchmal zu leicht versucht, der Realität des Menschen in seinem verlorenen, in seinem tragischen Status aus dem Weg zu gehen und ihn zu unterschätzen. Gewiß, glauben wir, sind wir nicht fähig, die Tiefe des Menschen und die Tiefe der Hölle zu sehen, in der der Mensch wohnt, außerhalb des Lichtes und der Gaben Christi und des Geistes. Aber dies muß auch gesagt werden: all das westliche Suchen danach, die Strukturen und die Situation des Menschen zu analysieren, ist eine notwendige, eine christliche, aber eine vortheologische Aufgabe, das seine Fülle, seine Realität nur dann gewinnt, wenn wir Christus in uns haben. Wenn das der Fall ist, dann können wir mit Starec Siluan vom Athos sagen: Halte deinen Sinn in der Hölle und verzweifle nicht!

Nikolaou: Die These, daß es keine orthodoxe Anthropologie gibt, ist im Grunde richtig; aber es gibt viele Themen, die theologisch und theologiegeschichtlich nicht viel behandelt worden sind und bei denen das letzte Wort noch nicht gefallen ist. Das gilt sogar für die meisten theologischen Themen, und nur ganz begrenzte Themen sind von Konzilsentscheidungen abgeschlossen worden. Aber da gibt es folgende richtige Einschränkung: In der orthodoxen Welt wird der Konsensus der Schrift, der Kirchenväter und der heutigen Theologie herausgehoben, und in diesem Konsensus findet man die wichtigsten Elemente für eine Anthropologie.

Vor allem aber wollte ich etwas zum Thema „Synergismus" sagen. Ich glaube, hier liegt eine grundlegende Differenz zwischen der orthodoxen und der protestantischen Theologie. Der Synergismus ist in der protestantischen Welt nicht vorhanden, da dort mehr die augustinische Lehre vom Menschen und der Gnade herrschend sind. In der orthodoxen Welt wurde weder Pelagius noch der Semipelagianismus angenommen, aber auch nicht Augustin. Der Mensch ist nach dem Fall nicht völlig verdorben. Christus stellt das ursprüngliche Bild wieder her, und der Mensch kann dieses Heil, das in Christus angeboten wird, entweder annehmen oder verwerfen. Das ist auch der wesentliche Ansatzpunkt für den Synergismus: die Annahme oder Verwerfung des in Christus angebotenen Heils. Hier darf ich vielleicht ein Bild heranziehen, das diesen Ansatzpunkt deutlich veranschaulicht: Wie ein Bildhauer eine Statue macht und diese Statue von einem Feind beschmutzt wird, aber am anderen Tage das Wasser zur Verfügung steht, damit das Bild wieder gereinigt werden kann, so verhält es sich zwischen dem ersten Menschen und Christus. Der Vergleich besteht in folgendem: Der erste Mensch, Adam, konnte sündigen oder nicht. Der Teufel, das Gefäß alles Bösen, wie der hl. Basilius ihn nennt, hat ihm weiter die Idee gegeben, daß er mit Schlamm sein Gesicht verschmutzt hat. Nun kommt Christus und gibt ihm reichlich Wasser, und der Mensch ist gerufen, das Wasser zu benutzen und den Schlamm abzuwaschen. Wenn der Mensch nun sich entscheidet, das Wasser zu benutzen, d. h. das in Christus angebotene Heil sich anzueignen, dann ist es die Energie Gottes, seine Gnade, die zum Waschen greift; bei diesem Waschen ist es aber dem Menschen erlaubt, bzw. wird von ihm erwartet, Mitarbeit zu leisten. Das ist, in einem Bild ausgedrückt, das Wesen der Synergia. Mit ihrem „simul justus et peccator" weicht die protestantische Auffassung davon ab. Hier müßte weiter in die Tiefe gegangen werden.

Ein anderer Punkt, den ich hier noch gern berühren möchte, ist die Lehre von dem Gott-ähnlich-werden, auf die auch der Referent eingegangen ist. Ich bin auf dem Gebiet des Alten Testaments nicht bewandert, und Prof. Perlitt hat, glaube ich, recht mit dem, was er von orientalischen Vorstellungen gesagt hat. Hier haben wir jedoch — und das ist für die Geistesgeschichte sehr wichtig —

eine Verbindung des „kat' *homoiosin*", das in der Septuaginta (Gen 1, 26) vorkommt, eher mit der griechischen Philosophie. Es ist bekannt, daß sich bei Plato eine Stelle findet, an der die Homoiosislehre breiter entfaltet und das Moralische stark betont wird. Diese Vorstellung wird interessanterweise von der Stoischen und der Popularphilosophie zur Zeit der Entstehung des Christentums, später auch von den Kirchenvätern aufgenommen und weiter entwickelt. In der Synthese von biblischer Lehre und griechischer Philosophie bei den Kirchenvätern spielt das ethische Moment eine starke Rolle, aber es ist — darin stimme ich mit Eminenz Damaskinos überein — nicht das einzige und ausschlaggebende. Betont wird jedenfalls stets bei ihnen die ständige Betätigung der Tugend zur Aneignung des Heils und zum Gott-ähnlich-werden.

Stupperich: Ich möchte noch einmal auf das Grundsätzliche zurückkommen. Bei der Behandlung der Lehre vom Menschen nach der Hl. Schrift und nach den Kirchenvätern ist gar nicht deutlich genug zum Ausdruck gekommen, wieviel Gemeinsamkeit bei uns darin besteht, daß wir an beiden Gaben, Hl. Schrift und Väter, gemeinsam Anteil haben. Wenn wir die Confessio Augustana betrachten, dann kommt es uns deutlich zum Bewußtsein, in welchem Maße die alttestamentliche Überlieferung auch uns etwas sagt und eine Gabe für uns bedeutet. Luther und Melanchthon haben ja von Anfang an zum Ausdruck gebracht, daß sie mit der orthodoxen Theologie im Grunde zusammengehen müßten. Das ist schon auf der Leipziger Disputation 1519 zum Ausdruck gekommen. Melanchthon hat dann die Confessio Augustana selbst ins Griechische übersetzt.

Eine Differenz liegt aber darin vor, ob wir unmittelbar an die Schrift herangehen und die kirchliche Überlieferung hinzunehmen, oder ob wir von der kirchlichen Überlieferung ausgehen. Welches sind da die Aspekte? Werden wir da nicht — hier erinnere ich an das, was Prof. Perlitt gesagt hat — durch die Begrifflichkeit der Philosophie und durch die Verbindung von Biblischem und Philosophischem in eine verschiedenartige Betrachtungsweise gedrängt? Lassen Sie mich als Kirchenhistoriker auf eine kleine Begebenheit hinweisen. Erasmus von Rotterdam hat Luther provoziert mit seiner Schrift „De libero arbitrio", in der er seinen Lieblingsschriftsteller Origenes in ganzer Breite vorgeführt hat. Dagegen hat Luther in sehr deutlicher Weise Stellung genommen und auf diese Provokation hin seinen Standpunkt ebenfalls — vielleicht von unserem heutigen Standpunkt aus — überbetont. Das müssen wir im Auge behalten. Wir dürfen auch nicht vergessen, daß es innerhalb des Luthertums einen synergistischen Streit gegeben hat. Es ist keineswegs so, daß wir nun alle sozusagen gegen den Synergismus stehen. Ich darf gleichzeitig auch noch darauf hinweisen, daß es historisch nicht angängig ist, die Haltung des Luthertums von dem Ausdruck „Simul justus et peccator" — der erst 1908 wieder bekannt geworden ist, als Luthers Römerbriefvorlesung wieder entdeckt wurde, her zu beurteilen. Das Luthertum ist hier nicht von einigen Radikalismen her zu verstehen, sondern wir haben genau so, wie es in der Orthodoxen Kirche verschiedene Meinungen über die Anthropologie gibt, auch verschiedene Meinungen. Allerdings bleiben wir dabei, daß die Grundlage, die Korrektur, immer von der Schrift erfolgen muß.

Melia: [Durch den Wechsel des Tonbandes können die Ausführungen von Protopresbyter Elias Melia hier nicht wörtlich wiedergegeben werden. Er äußert die Meinung, der anthropologische Optimismus der Orthodoxen Kirche beruhe auf der Eschatologie der Orthodoxen Kirche. Er sei darauf zurückzuführen, daß der natürliche Mensch, der nach lutherischer Auffassung verdorben sei, nach orthodoxer Auffassung unwichtig geworden ist.]

Auch der Synergismus muß ganz in diesem Lichte gesehen werden. Tatsächlich gibt es einen Synergismus für die, die gerettet sind. Vorher ist — wenn wir nicht den eschatologischen Standpunkt des Menschen betrachten — der Synergismus in der Tat ein Problem. Aber wenn wir daran denken, daß Gott den Menschen in den Status eines Befreiten versetzt hat, dann wirken wir von diesem Augenblick an zusammen mit Christus und dem Hl. Geist, den wir besitzen und den wir empfangen haben. Gott und Mensch wirken dann auch nicht in Opposition zueinander wie nach thomistischer Auffassung, gegen die Luther gekämpft hat. Zwischen Glauben und Werken gibt es keinen Gegensatz mehr, weil alles in Christus geschieht.

Schneemelcher: Es ist im Laufe der Diskussion deutlich geworden, daß der Vortrag von Herrn Heyer offenbar viele Punkte angesprochen hat, über die eine ausführliche Diskussion notwendig wäre. Ich möchte einen Punkt besonders herausheben:

Das Stichwort „Synergismus", das Herr Heyer gebraucht hat, rührt einen sehr heiklen Komplex an. Man muß sich doch wohl darüber im klaren sein, Herr Heyer, daß Pelagius zwar im Osten Zuflucht gefunden hat, daß aber die Theologie des Pelagius dem östlichen Christentum sicher unverständlich war. Ich kann nur noch einmal wiederholen: Die Trennung zwischen Ost und West setzt eben theologisch schon im 3. Jh. ein. Die Rezeption der Philosophie durch Tertullian ist etwas anderes als die Rezeption der neuplatonischen Philosophie durch Origenes. Man muß also, wenn man über diese Dinge redet — auch bei Augustin — sehr genau sehen, welche außertheologischen Faktoren in der Theologie eine Rolle spielen. Die Psychologie des Augustin ist von einem Dualismus geprägt, der nicht östlicher Herkunft ist. Und sie ist geprägt von der eigenen persönlichen Erfahrung im Blick auf das Versagen gegenüber der Forderung Gottes. Hierüber zu reden würde uns allerdings zu stark in eine historische Debatte führen.

Nun kommen wir damit zu einem Problem, das ich wenigstens kurz ansprechen möchte. Die genannten evangelischen Theologen der Neuzeit sind allesamt — das gilt auch für Barth — geprägt von der neuzeitlichen abendländischen Entwicklung, d. h. sie stehen alle, um einen Terminus des Vortags aufzunehmen, nach der anthropologischen Wende. Und das macht nun ein Gespräch über die Lehre der beiden Kirchen — und darum geht es ja hier — so schwierig. Natürlich ist es sinnvoll, Leo Zander oder Zenkovskij oder Losskij oder Evdokimov mit Barth oder Tillich oder Bultmann zu vergleichen. Nur die entscheidende Konfrontation muß doch wohl vollzogen werden zwischen der Tradition der Orthodoxen Kirche und dem, was bei uns offizielle Lehre ist in den Bekenntnisschriften.

Bischof Eichele: Das Referat von Prof. Heyer zeigt deutlich, wie der Dialog des 16. Jh.s fortgesetzt worden ist. Prof. Heyer bezeichnete es als nicht zufällig, daß sich die Orthodoxie gegen ein Verständnis des Menschen als „simul justus et peccator" wehrt. Sie haben allerdings das Wort „theoretisch" eingefügt: „. . . theoretisch wehrt". Es ist vielleicht möglich, dieser theoretischen Abwehrhaltung gegenüber unserem Denken etwas abzuhelfen. Prof. Anagnostopoulos hat gestern in seinem Vortrag gesagt, daß die Anthropologie der Orthodoxie keine pessimistischen Tendenzen zeige, sondern optimistisch sei. Dem stimme ich gern zu; denn auch wir denken optimistisch, um der „oikonomia" Gottes willen. Das hindert uns aber nicht daran, daß wir im Unterschied zu dem, was Prof. Anagnostopoulos gestern gesagt hat, nicht zugeben würden, daß die Orthodoxie in unseren Augen, ausgehend von der Realität des einfachen Menschen, wie gesagt wurde, eine absolut realistische Anthropologie vertrete. Denn wir sagen: Was von menschlicher Seite geschehen kann, ist der Glaube an Jesus Christus. Aber dieser Glaube erreicht nicht das, was der Logos, als er Sarx wurde, erreichte, nämlich die Sündlosigkeit. Wenn wir mit Paulus die faktische Geschichtlichkeit des Menschen im Auge behalten, können wir mit ihm nur sagen: Ich elender Mensch. So diene ich nun mit dem Gemüte dem Gesetz Gottes, fährt Paulus weiter fort, aber mit dem Fleisch dem Gesetz der Sünde. Hier ist gerade das Doppelte, simul justus et peccator, ausgesagt. Das gilt, solange wir den irdischen Leib an uns tragen. Alles, was von Christus ausgesagt wird, kann uns auf Erden schon zuteil werden, aber nicht ohne Sünde. Die Gaben, die Christus uns gibt, werden in unserem Leibe, in unserer Sarx, immer wieder verderbt und müssen immer wieder durch Christus neu befreit werden.

Geißer: Äußerst glücklich scheint mir die Methode zu sein, die Prof. Heyer verfolgt hat, als er am Anfang schon kontrapunktisch die römisch-katholische Position und Polemik genannt hat. Es ist ja doch tatsächlich so, daß wir uns in unserem Dialog zwischen orthodoxer und reformatorischer Theologie nicht nur in dieser zweiseitigen Konstellation befinden, sondern daß wir immer dieses Dreiecksverhältnis berücksichtigen müssen. In dieser Dreiecksituation gibt es einmal das Phänomen, daß wir evangelischen Theologen und unsere kirchliche Lehre negativ fixiert sind auf die römisch-katholische Kirche und ihre Theologie. Das bedeutet z. B., daß wir bei bestimmten orthodoxen termini — ich nenne als Beispiel das schon mehrfach genannte Problem des Synergismus oder das Problem des freien Willens — immer sofort ein Alarmsignal hören und unsere Bedenken, die wir gegen die röm.-kath. Theologie haben, nun auch an diese Adresse meinen richten zu müssen. Dazu gehört dann umgekehrt, daß die orthodoxen Theologen vielfach die römisch-katholische Polemik gegen die Evangelischen übernehmen. Das andere Problem in dieser Konstellation ist wieder das, daß sowohl römisch-katholische Theologie wie reformatorische Theologie sich immer gemeinsam in einer Front zu befinden scheinen als typisch westliche Theologien gegenüber der östlichen. Und das dritte Problem — aber das ist vielleicht kein Problem, sondern eine Chance — ist, daß wir, die orthodoxen Theologen und ihre Kirche, und wir evangelischen Theologen und unsere Kirche auch Gemeinsames haben, das aber nicht so leicht in den Begriffen zu fassen ist. Verbal sind wir durch unsere westliche Tradition geprägt. Aber man müßte versuchen, die Begriffe etwas aufzulockern: Es ist der Protest gegen eine anthropozentrische Betrachtungsweise des Menschen. Nicht gegen Anthropologie überhaupt, aber gegen eine anthropozentrische Theologie. Hinter die *anthropologische* Wende können wir vielleicht nicht zurück, aber ob die anthropozentrische Betrachtungsweise die einzig richtige ist, das ist ja auch heute gerade für das westliche Denken, wenn man an seine Konsequenzen denkt, problematisch.

An zwei Punkten möchte ich konkretisieren, was ich von der Dreieckskonstellation sagte. Einmal zum Problem des Synergismus. Das ist zunächst ein Beispiel für die negative Fixierung unserer Theologie auf römisch-katholische, mittelalterliche Positionen. Und wenn wir nun bei den orthodoxen Vätern diesen Ausdruck hören, fühlen wir uns sogleich zum Protest provoziert. Wir fragen dann sofort, ob hier die Gnade noch genügend gewahrt ist. Es wäre nun wohl zu fragen, ob hier unter den Begriffen nicht doch ein gewisser Konsens — kein absoluter vielleicht, aber ein gewisser — zu finden ist. Dabei beziehe ich mich auf Prof. Heyer, der gesagt hat, der orthodoxe Synergismus stehe *vor* der Problemstellung des westlichen Mittelalters, denn hier fehle der Begriff des meritum. Wenn die orthodoxe Theologie von Synergismus redet, dann heißt das, daß bei ihr nicht der Mensch etwas vor Gott bringt, daß etwa Gott ihm das Kapital gebe, er aber mit diesem Kapital ein Verdienst erwerben müsse. So denkt ja, soviel ich weiß, die orthodoxe Theologie nicht, sondern für sie ist, wie auch aus einigen Motiven, die bei Herrn Prof. Heyer vorkamen, unterstrichen wurde, das Motiv des Kampfes entscheidend. Wenn ich recht weiß, spielt in der Orthodoxie gerade im Umkreis des Synergismusgedankens der gemeinsame Kampf von Gott und Mensch gegen den Teufel, gegen das Böse, gegen die Entstellung der imago Dei, eine entscheidende Rolle. Also: nicht der Mensch wirkt auf Gott hin, um ihm ein Verdienst entgegenzubringen, sondern Gott und Mensch kämpfen zusammen — und Gott hat dabei die Führung — gegen das Unmenschliche, gegen das Böse. Dieses Motiv des Kampfes könnten wir aber auch in der reformatorischen Theologie ganz stark finden. Ich denke nur daran, daß sich die Bekenntnisschriften gelegentlich darauf berufen, wie die Kirche singt (sicut ecclesia cantat), also auf die Tradition der Choräle. Ich möchte das auch hier tun und den Lutherchoral zitieren: „Christus, er sprach zu mir: Halt dich an mich, es soll *dir* jetzt gelingen (*dir*), ich geb mich selber ganz für dich, da will ich für dich ringen (aber nicht nur für dich, sondern auch mit dir zusammen).

Vom zweiten Punkt möchte ich nur das Stichwort nennen: das Problem der Ungeschuldetheit der Gnade, daß die Gnade kein debitum ist. Gestern im Referat von Herrn Anagnostopoulos und heute in den Zitaten von Herrn Heyer kam es vor, daß nach *orthodoxer* Auffassung die Gnade zur Vollkommenheit des Menschen gehört. Und das ist wiederum auch reformatorische Auffassung, während hier der *römisch-katholische* Theologe die Alarmglocken läuten hören würde. Hier würde er sagen: Hier wird die Gnade preisgegeben, weil nämlich der Mensch — nicht moralisch, aber ontologisch zu seiner Vollkommenheit einen Anspruch auf die Gnade hat. Hier sind dagegen evangelische *und* orthodoxe Theologie optimistisch.

Heyer: Nichts wurde in dieser Aussprache vorgebracht, was mich zu einer Gegenpolemik reizen würde. Es kam mir von vornherein darauf an, nur zu zeigen: Zwischen Ost und West steht, daß wir jeder eine eigene Theologiegeschichte haben, daß sich andere Denkstrukturen zeigen, daß eine jeweils andere Philosophie uns Begriffe zugeliefert hat. — Würden wir auf philosophische Begriffsanleihen verzichten, würden wir die Sprache verlieren und wären unseren Zeitgenossen auf Dauer unverständlich. Es ist also nicht so, daß auf dem Felde der Anthropologie ein kirchentrennender Gegensatz konstituiert wäre. Da, wo es in der Aussprache so erscheint, als ob ein solcher Gegensatz zwischen uns stände, will ich nur mit wenigen Sätzen noch diesen Eindruck verwischen. Dabei ist es für mich als Evangelischen wieder überzeugend gewesen, wie doch die Orthodoxie ihre spirituelle Einmütigkeit bewahrt. Hier, auf einem Felde, wo es keine Dogmata gibt, sondern nur Theologumena, gibt es dennoch eine geistgewirkte Einmütigkeit, die uns Evangelische übertrifft.

Zu fünf Punkten nun kleine Anmerkungen:

1. Metropolit Damaskinos hat herausgestellt, daß sich das Ethische nicht isolieren läßt, nicht als autonome Größe verstanden werden darf, sondern zu verstehen sei als Konsequenz der Pneumatisierung. Ja — und das ist auch evangelische Lehre. Im 19. Jh., etwa bei Wilhelm Herrmann, sah es so aus, als ob sich die Ethik als eine autonome Größe konstituiere. Schon der Rückgriff auf unsere reformatorischen Väter hat uns gezeigt, daß ethisches Handeln ein Dankbarkeitsakt des von Gott um Christi willen angenommenen Menschen ist, eine Konsequenz.

2. Der distinkte Gebrauch der Begriffe „Imago" und „similitudo" in der orthodoxen Kirche. Er ist auch unserer Theologiegeschichte nicht fremd. Bei Luther findet sich von der Tradition her auch ein Gebrauch dieser getrennten Begriffe. Doch gegenwärtige evangelische Theologie würde die Rückfrage ans Alte Testament an dieser Stelle vollziehen und fragen: Ist im Alten Testament schon etwas Distinktes gemeint, oder liegt hier nur ein Parallelismus membrorum vor. Wir würden aber in diesem Bereich der imago besonders da einen Vorbehalt anbringen, wo ein Theologe wie Trembelas dann etwa weiter folgert: Gott ist nichts Zusammengesetztes, der Mensch aber ist aus Körper und Seele zusammengesetzt. Also kann nur ein Teil, nämlich nur die Seele imago-Charakter tragen, das Leibliche ist ausgeschlossen. Gott ist inkorporell — also ist in der imago impliziert, daß es eine inkorporelle Seele gibt. Hier würde ich noch eine weitere Auseinandersetzung eröffnen: Ob wir uns nicht von manchem, was die griechische Philosophie in die Theologiegeschichte eingebracht hat, auch wieder trennen müßten.

3. Eine Einigkeit ist ja für uns darin erreicht, daß Christus der Mensch ist. Es muß schon Gott selber Mensch werden, damit das Bild des Menschen in seiner Eigentlichkeit wieder aufleuchten konnte. Es gibt — ich habe es verschwiegen — in der evangelischen Theologie auch einen Strom, der diese Identifizierung vom wahren Menschen und Christus *nicht* vollziehen will. Mein Kollege Tödt hat es etwa in einem Moskauer Vortrag — ausgerechnet vor Orthodoxen — betont: Würde man das Mensch-Sein mit Christus identifizieren, würde man dem Menschen die Zukunft verstellen und ihn von vornherein für fixiert erklären. Merkwürdigerweise hat er — vielleicht weil politische Elemente mitschwangen — keinen orthodoxen Widerspruch an dieser Stelle gefunden. Aber das ist wirklich nur ein Seitenzweig. Wir finden uns darin, daß Christus uns das wahre Menschsein offenbart und ermöglicht hat. Die Transfiguration glauben Orthodoxe und Evangelische gemeinsam.

4. Zu Vater Boris hin möchte ich noch sagen: Die eigene Ökonomie des Hl. Geistes ist in orthodoxer Theologie stärker herausgearbeitet gewesen als in abendländischer. Dabei ist es mehr katholischer Denkweise entsprechend, das pneuma in der ecclesia zu kanalisieren.

5. Zur Debatte über das liberum arbitrium und servum arbitrium muß gesagt werden: man findet orthodoxe Äußerungen, die die konventionelle lutherische Auffassung geradezu umkehren: Der verlorene Mensch ist zur Freiheit verflucht. Und der mit Christus verbundene Mensch ist zu einem servum arbitrium gezwungen, weil er seinen Willen nicht von Christus lösen kann. Das sieht aus wie eine Umkehrung der Lehre Luthers. Aber in der Paradoxität, die man bei Luther oft findet, hat er den gleichen Gedanken auch einmal geäußert, der für die Orthodoxie typisch ist: Der mit Christus eins gewordene Mensch ist der, der seine Wahlmöglichkeit verloren hat, weil er in die Fußtapfen seines Herrn zu treten hat.

Aus der Diskussion nach dem Referat von Metropolit Damaskinos

[Zu Beginn der Diskussion werden hauptsächlich Verständnisfragen — wie auch im folgenden noch wiederholt — zu den Referaten gestellt. Danach warnt Prof. Heyer davor, Furcht vor der orthodoxen Kritik an abendländischen Engführungen zu haben, eine Furcht, die daran hindert, berechtigte Einwände ernst zu nehmen. So sei die orthodoxe Kritik an dem als typisch abendländisch, noch mehr als typisch protestantisch geltenden Individualismus und einer zu großen Betonung der Innerlichkeit des Menschen durchaus berechtigt . . .]

Heyer: Gewiß liegt in dieser Art der Kritik am Abendland immer wieder das vor, daß die Kontroverse etwas phasenverspätet eintritt und wir eigentlich schon über den Status hinaus sind, der an uns kritisiert wird. Und dennoch, ein kleiner Schub von seiten der Orthodoxie ins Akzeptieren des Korporellen und des sinnlich Wahrnehmbaren hinein wird uns hilfreich sein.

Ein zweites kritisches Element ist in dem Satz zu finden, es sei nicht dasselbe, ob sich der Mensch als gerechtfertigt und vom Gesetz befreit empfindet oder — wie es in der Orthodoxie realisiert sei, daß er sich als verherrlicht und ins lebendige Licht getaucht erfährt. Hier liegt ja eine Wiederaufnahme der Kritik vor, die man schon in der Doktorarbeit des Patriarchen Sergij findet und die auch Justin Popović wieder vorgebracht hat an der protestantischen Rechtfertigungslehre. Und ich glaube in der Tat, daß ein nur zurechtgeflicktes Sündenelend, das durch die Gnade ermöglicht ist, nur die halbe Gnade beschreibt, daß die Gnade mehr tut auch in ihrem totalen Werk, uns in der Tat ins lebendige Licht taucht und mehr ermöglicht als bloß Abdeckung dessen, was wir durch unsere Sünde verdorben haben. Wir sind selbst daran schuld, daß wir so verstanden werden von der östlichen Seite; denn die bloß forensische Beschreibung des Rechtfertigungsvorganges hat Ihnen, den Orthodoxen, das Recht gegeben, uns so zu kritisieren. Helfen Sie uns also ruhig weiter, daß wir nicht nur die halbe Gnade, sondern die ganze Gnade verstehen. Wir werden uns dabei nicht uns selber entfremden, nicht die Identität mit unserer Geschichte verlieren, sondern die Orthodoxie kann uns noch vermehrt zu uns selber verhelfen.

[Auch hier folgen Verständnisfragen, die im Votum von Archimandrit Kyrill Argentis zusammenfassend aufgenommen werden]:

Archim. Kyrill: Im westlichen Denken wird „geistlich" sehr oft identifiziert mit „immateriell". Der gewöhnliche westliche Mensch denkt, wenn er von der geistigen Welt spricht, an eine Art zweiter Substanz, als sei der Mensch aus zwei Substanzen geschaffen, einer materiellen und einer immateriellen. Ich würde das eine Art platonischer Häresie nennen. Ich denke, daß wir Orthodoxen, wenn wir das Wort „geistlich" gebrauchen, immer meinen: „bezogen auf den Hl. Geist". Der Hl. Geist ist wie Licht. Wir sehen das Licht nicht, wir sehen nur vom Licht erleuchtete Gegenstände. So ist der Geist nicht eine zweite Substanz, die der Materie entgegengesetzt ist. Es ist das Licht, das die Materie verändert, transfiguriert. Ich denke, das ist für das Verständnis wichtig: daß der ganze orthodoxe Gottesdienst, das orthodoxe Leben, eine sehr realistische Erleuchtung alles dessen ist, was materiell und fleischlich ist. Wir wissen, daß der Mensch „Fleisch" *ist* und daß der Geist das Fleisch verklären (transfigurieren) muß. Aber wir können niemals außerhalb des Fleisches leben.

Dann möchte ich noch etwas zu dem Gedanken „Christus als Prototyp" sagen. Wenn gesagt wird, daß der Mensch dem Modell ähnlich werden soll, so geht es nicht um Nachahmung. Es geht im christlichen Leben nicht darum, Christus zu imitieren, sondern Christus zu werden. Wir gebrauchen sogar das Wort „christification". Metropolit Damaskinos hat gesagt, daß „Theosis" die Natur des Menschen beschreibt. Ich würde sagen, daß „Theosis" für die Menschheit das ist, was ein Baum für ein Samenkorn ist. Man kann nur wirklich verstehen, was ein Samenkorn ist, wenn man den ganzen Baum sieht. Theosis ist die natürliche Entwicklung des Menschen; denn der Mensch ist geschaffen worden, um vergöttlicht zu werden. Und deshalb kann man den Menschen nicht verstehen, wenn man nur den Keim sieht. Man muß die ganze Entwicklung sehen, zu der er geschaffen worden ist. Der Keim wurde geschaffen, um ein Baum zu werden. Man kann nicht verstehen, was der Same ist, wenn man den Baum nicht sieht. Und man kann nicht verstehen, was der Mensch ist, wenn man Christus nicht sieht. — Christus in seiner Menschennatur ist der vollkommene Mensch, der Mensch, der vergöttlicht ist. Ich denke, daß das sehr wichtig ist, daß die Theosis die natürliche Bestimmung des Menschen ist. Der Mensch wurde zur Teilhabe am Wesen Gottes geschaffen (2Pt 1, 4). Wir wurden geschaffen, um Gott zu werden, teilzuhaben am Leben der göttlichen Personen. Christus vereint uns mit sich, um uns in das Leben der drei Personen der Dreifaltigkeit zu bringen. Ich verweise auf Joh 17. Er ist eins mit uns, damit wir eins seien untereinander, wie er eins ist mit dem Vater. Er vereinigt uns mit sich, um uns mit ihm emporzubringen ins Leben der drei Personen, zu Gott.

Wischmann: Ich möchte eine Frage an Prof. Heyer stellen. Er hatte im Blick auf die Ausführungen Seiner Eminenz Damaskinos auch davor gewarnt, uns nicht zu schnell zu verteidigen, sondern zu hören. Ich möchte daran eine kleine Frage anknüpfen. Wir hatten in anderer Zusammensetzung ein Gespräch mit russischen orthodoxen Theologen, und mein letztes Streitgespräch mit Pavel Sokolovskij, der in einem Flugzeug verunglückt ist, ging darum, daß er sagte, daß wir theologisch mit der Betonung des Kreuzes, des Karfreitags, mit der Betonung der Befreiung von den Sünden einen sehr pessimistischen Zug als evangelische Christen in die Welt und die Gedanken um das Menschenbild eingebracht hätten. Er ging im Gegensatz dazu völlig von der Tatsache aus, daß der Mensch der Befreite ist, daß er verherrlicht ist, in das lebendige Licht getaucht ist, um die Ausdrücke zu gebrauchen, die Sie hier in Ihrem Vortrag gebraucht haben. Ich möchte nur sagen: Losgelöst von diesem strengen Gedanken der Rechtfertigung, losgelöst von der Betrachtung des Kreuzes, besteht auf der anderen Seite m. E. natürlich die Gefahr eines zu großen Optimismus, die Gefahr, daß das Pendel zu sehr nach der anderen Seite ausschlägt. Und ich möchte gern sagen, daß die beiden Aussagen, die Sie hier gegeneinander gestellt haben, doch eigentlich die beiden Aussagen sind, die einander bedingen. Die Betonung der Sündenvergebung und das Ausbrechen in den Osterjubel hängen ja zusammen. Darum möchte ich betonen, daß Gericht und Zuflucht, Abwaschung und Wiedergeburt, ja doch viel enger zusammengehören und keine Gegensätze sind. Homiletisch gesehen ist mir das, was Sie sagen, sehr sympathisch. Dogmatisch gesehen würde ich es so nicht mitvollziehen können. — Ich lasse mir aber von Herrn Heyer gern sagen, daß wir uns nicht zu schnell verteidigen sollen.

Damaskinos: Ich möchte alle beiden Teile davor warnen, Teilwahrheiten aus dem gesamten Erlösungsprozeß herauszugreifen, um sie zu verabsolutieren. Es geht weder um Optimismus noch um Pessimismus. Es geht weder bloß um das Kreuz noch bloß um die Auferstehung. Man kann nicht das eine von dem anderen trennen, auch nicht das eine unter dem anderen suchen. Beides gehört zusammen. Die Kirchenväter haben von einer Freude, die mit Leid gemischt ist, gesprochen. Niemand kann triumphieren und seiner eigenen Erlösung sicher sein. Die Unsicherheit in bezug auf unsere persönliche Erlösung ist unser Kreuz. Ich habe vor kurzem in der Moldau eine eigenartige Freske aus dem 15. Jh. gesehen. Die Bösen stellen dort das Paradies dar und die Heiligen die Hölle. Ich habe dort nach der tieferen Bedeutung dieser Darstellung gefragt. Man hat mir geantwortet, diese Ikone sei auf das Erlebnis des Gewissens begründet. Die Heiligen fühlen sich, als ob sie in die Hölle gehen. Damit will ich sagen, es wäre falsch, einseitig das Kreuz herauszugreifen und einseitig eine Theologie des Kreuzes zu entwickeln. Die Botschaft des Evangeliums erlaubt uns dagegen eben, die Auferstehung mitten in dem Kreuz zu entdecken.

Melia: Eminenz Damaskinos, ich würde mir nicht erlauben, Ihr Referat zu ergänzen. Aber ich glaube, daß es in Ihrem Sinne ist, wenn ich einiges von dem Gedankengut des St. Sergius-Instituts einbringe. Wenn wir an die großen Vertreter der modernen orthodoxen Anthropologie denken, meine ich, muß man auch die Russen zitieren. Persönlich möchte ich dazu sagen, daß ich kein Russe, sondern Georgier bin. Man muß wenigstens Dostojevskij zitieren, der das Evangelium bei den modernen Armen gezeigt hat, bei den Proletariern. Es ist natürlich, daß die Russen daran gedacht haben, weil unter den orthodoxen Völkern die Russen die einzigen waren, die mit den Problemen der modernen Welt konfrontiert waren. Es gab dort eine Industrie, ein Proletariat, eine soziale Frage, die direkt von den Notwendigkeiten des Lebens gestellt war. Dostojevskij ist deswegen interessant, weil er diese Fragen unter dem Petersburger Proletariat gesehen hat. Es gab in Rußland auch die Gruppe marxistischer Hochschulangehöriger, die zu Anfang des Jahrhunderts zur Kirche zurückkehrten, gläubig wurden und nach ihrer Rückkehr zur Kirche nicht ihre eigene Theologie eingebracht, sondern die traditionelle Theologie im vorrevolutionären Kontext überdacht haben. Und ich glaube: das ist ein sehr aktuelles Zeugnis für die Christen heute. Sie sind zum traditionellen Denken der Väter und der Liturgie zurückgekehrt. Und eine Gruppe, die von daher kam, bildete die erste Professorengeneration des St. Sergius-Instituts. Dazu gehört auch Berdjaev, der nicht Professor bei uns war. Berdjaev muß gesondert genommen werden, weil es bei ihm einen absoluten Anthropozentrismus gegeben hat. Das war gewiß eine Übertreibung. Aber es ist interessant, weil gegenwärtig die Christen Rußlands ihn viel studieren. Es gibt Berdjaev-Zirkel in der UdSSR, und ganz gewiß gibt es interessante Züge bei ihm.

Die Christen sind dort in einer extremen Situation, und es gibt dort sehr aktuelle Bezüge der Anthropologie. Wenn wir sagen, daß wir den Menschen als in der Gemeinschaft der Kirche begreifen, dann steht das eigentlich außerhalb jeden Zweifels. Aber wie steht es mit der Kirche, mit den Menschen, die wie die Jugend in Rußland nicht zur Kommunion gehen können?

Mein Vorschlag ist, wir sollen darum zurückkehren zu den einfachen Dingen, zu den Aussagen des Evangeliums in seiner Nacktheit und Einfachheit. Wir wollen uns gewiß das Erbe der Väter aneignen. Wer das tut, der kann sagen, daß er die orthodoxe Lehre ein wenig kennt. Aber viele haben keinen Zugang zu diesem Reichtum. Viele müssen in sich selbst die Quellen entdecken — aus der Tatsache heraus, daß sie getauft sind, aus der Tatsache heraus, daß sie sich im Namen des Vaters und des Sohnes und des Hl. Geistes segnen, aus der Tatsache heraus, daß sie dennoch das Evangelium kennen. Ich glaube, daß wir diese Dimension zurückgewinnen müssen, weil die Menschen in vielen Ländern daran gehindert werden, die Kirche zu hören. Auch in manchen Entwicklungsländern kann man die ruhigen Dinge, die wir sagen, nicht hören, und sich den Reichtum, den wir ihnen bringen, nicht aneignen. Man ist taub dafür. Sie brauchen viel fundamentalere Dinge, unmittelbarer zugängliche. Wir müssen, meine ich, dem Problem der Sprache mehr Aufmerksamkeit zuwenden, nicht in dem Sinn einer bestimmten neuen Theologie, einer Theologie ohne Gott, aber um bis zum Volk durchzudringen, zum einfachen Volk. Wenn wir sagen, daß der Mensch in der Gemeinschaft der Kirche steht, dann müssen wir ihm auch dann etwas sagen, wenn er, wie es oft der Fall ist, keine Gemeinschaft mit ihr haben kann.

Der Sinn eines Treffens, wie das, was wir jetzt haben, wäre der, daß wir als Christen des Westens und des Ostens definieren, was der Mensch ist, sagen, was der neue Mensch ist nach St. Paulus, was er heute ist. Ich glaube nicht, daß das nur ein verfeinerter Humanismus wäre, auch kein verfeinerter Mensch. Ich glaube, daß wir alle miteinander sagen könnten, daß das ein Mensch einer anderen Dimension wäre. Wir wissen etwas, was die anderen nicht wissen, nämlich daß der Mensch eine andere Dimension hat als die horizontale Dimension, als die technische Dimension, die Dimension der sozialen Revolution, nämlich die eschatologische.

Aus der Diskussion nach den Referaten von Metropolit Emilianos und Präsident Schober

Wischmann: Es ist sehr schwierig, über eine solche adhortatio zu diskutieren. Das muß man annehmen, darüber kann man nachdenken oder man muß es verdrängen oder ablehnen.

Ich möchte den Blick in die Zeit des Kirchenkampfes zurücklenken. Man soll Ja sagen zu dem verhängten Leiden, wurde gesagt, man soll der Umwelt zeigen, daß man gespürt hat, daß Gott einen beim Wort genommen hat, daß Gott etwas von einem will. Man kann entdecken, daß Gott in den guten Zeiten vielleicht sehr weit fort war und in der Zeit des Leidens sehr nahe ist. Aber vielen in der Zeit des Kirchenkampfes ist es ja doch so gegangen, daß sie zugleich auch um den Bestand ihrer Gemeinde kämpfen mußten. Sie mußten zugleich auch um den Bestand ihrer Kirche kämpfen. Sie mußten darum kämpfen, daß Recht Recht blieb. Und das ihnen zugefügte Leid, das sie zu tragen hatten, konnte doch nicht von einem Protest entbinden. Und das ist die Frage, die ich zu stellen hätte: Entbindet mich nun das Ja zum Kreuz auch im persönlichen Leben vom Protest, oder haben unsere Väter und Brüder im Kirchenkampf des

Dritten Reiches richtig gehandelt, als sie auf der einen Seite ihre ganze Existenz auf Gott geworfen haben, aber zugleich nicht verzichtet haben auf Prozesse, nicht verzichtet haben auf sehr deutliche Proteste? Meine Frage betrifft das persönliche Ja dazu, daß Gott einen in seine Schule genommen hat zugleich aber — ich habe dies ganz persönlich erlebt in dieser Zeit — Protest notwendig erscheint.

Krüger: Herr Präsident Schober hat von den verschiedenen Arbeitsmöglichkeiten des Christen in der Nachfolge seines Herrn gesprochen. Ich greife das heraus, wo er von Mitwirkung an der Veränderung der Welt durch mehr Gerechtigkeit und Frieden gesprochen hat. Dieses Wort „Veränderung der Welt" ist ja seit 1966, der großen Weltkonferenz für Kirche und Gesellschaft hier in Genf, das geworden, was Herr Schober ein Reizwort nannte. Es ist sogar zum Scheidewort geworden für das geistliche Verständnis der ökumenischen Gemeinschaft und jenes mehr in die sozialen und politischen Gefilde abwandernde Tun der ökumenischen Gemeinschaft. Ich meine, daß in diesen hier aufgezählten Punkten und ganz besonders in dem eben genannten Satz der eschatologische Aspekt fehlt und vom Neuen Testament her nachgetragen werden müßte. Meine Frage an Herrn D. Schober ist deswegen: Was versteht er unter „Veränderung der Welt" und was versteht er unter „Gerechtigkeit und Frieden"? Ich meine, daß wir diesen Satz sowohl ekklesiologisch als auch anthropologisch verstehen und füllen können, wenn vom Neuen Testament her hierfür die nähere Begründung gegeben wird.

Metr. Damaskinos: Besonders tief beeindruckt hat mich, als Präsident Schober am Anfang sagte, daß wir kein Dankgebet für das Zeugnis der Leidenden haben. Und er hat auch von einer leidenden Freude gesprochen. Ich möchte aber einige Bemerkungen machen.

Präsident Schober sagt, weil Gott einen Leidenden und keinen anderen zum Kyrios erhöht habe, könne seine Kirche den Leidenden nicht als eine halbe, defekte, geminderte Persönlichkeit behandeln. Ich stimme völlig damit überein. Wir dürfen aber auch die umgekehrte Wirklichkeit nicht übersehen. Vor einigen Tagen habe ich in Bossey den Vortrag eines schwarzen Theologen gehört, in dem die Botschaft des Evangeliums mit der Gewalt gegen die Gewalt fast identisch wurde. Der leidende Mensch wurde sozusagen auf eine privilegierte Art und Weise gesehen. Er kann sich als solcher jede Kritik erlauben, der leidende Mensch, der manchmal pharisäisch die anderen verachtet.

Meines Erachtens fehlt im Referat folgendes: Als Kirchen sollten wir uns bei unserer Bemühung, Diakonie zu treiben, davor hüten, uns um der Diakonie willen als Kirche zu verweltlichen. Denn ob genügend viele Menschen in der Welt Brot zu essen haben werden, wird immer auch davon abhängen, ob genügend viele Menschen erkennen, daß der Mensch nicht vom Brot allein lebt.

So gehört zwar der soziale Dienst zum Wesen der Kirche und ist als solcher eine Notwendigkeit. Aber er ist untrennbar mit dem Gottesdienst verbunden. Er ist die Frucht des gottesdienstlichen Ereignisses, der Begegnung der Seele mit Gott.

Emilianos: Die ganze Kultur, die ganze Erziehung des modernen Menschen versucht nicht, eine Antwort auf die Frage des Leidens zu geben, sondern es zu verdecken, ein Alibi zu finden, um dem Leiden zu entrinnen. Aufgrund seiner Position wird Präsident Schober viel zu tun haben mit dem Leid. Er sieht jeden Tag und vielleicht auch jede Nacht Gefahren, Kranke, Elende, Prostituierte, Drogensüchtige, Gangster, Gefangene, alle Art von Leidenden, die es in unserer Industriegesellschaft gibt. Aber es gibt zwei Wege, dem Problem des Leids zu begegnen. Der eine ist das Beispiel Christi: Er stellte sich dem Leiden, er mied das Leiden nicht. Als seine Jünger ihn von Jerusalem zurückhalten wollten, war seine ganze Haltung davon bestimmt, nach Kalvaria zu gehen. Der andere Weg ist, eine Art Pseudomedikament zu nehmen. In der Vergangenheit kam man zu einem anderen Extrem, das Leiden zu verherrlichen und zu vergöttlichen. Wir haben im Mittelalter verschiedene mystische Schreiber, die eine Art von Dolorismus vertraten: „Ich leide, deshalb sehe ich Gott". Das war ihr Extrem. Das andere Extrem ist der Hedonismus, jedes Leiden zu vermeiden. Was immer wir sagen können ist das: Leiden ist ein Mysterium. Und in den Reden im Weltrat der Kirchen sehen die Redner sehr häufig, wenn sie von Entwicklungshilfe für unterentwickelte Länder sprechen, diesen Aspekt des menschlichen Leidens nicht. Sie sehen nur das materielle, äußerliche Leiden. Aber was können wir als Christen tun, wenn heute oder morgen die Situation so verbessert ist, daß es keinerlei materielles Leid mehr gibt, sondern nur die geistliche Tragödie bleibt? Hier entsteht die Frage, wie kann die Diakonie dem Leiden seinem Wesen nach ins Auge sehen?

Schober: Die entscheidende Frage war wohl in mehreren Beiträgen die, ob nicht die spirituelle Seite zu kurz gekommen ist, die Frage der gottesdienstlichen Wirklichkeit als dem notwendigen Ausgangspunkt. Meine diakonische Grundschule war ein diakonisches Werk, dessen geistlicher Vater Wilhelm Löhe heißt, Neuendettelsau. Wilhelm Löhe hat die Diakonie immer in dem Kreislauf beschrieben: vom Altar zum Menschen und zum Altar zurück. Er hat darum die innerkirchliche Trinität mit „Diakonia, Leiturgia, Martyria" beschrieben. Folglich bin ich mit Ihnen darin eins, daß man nicht eine Station absolut nehmen kann. Aber ich glaube nicht, daß in jedem Fall beides gleichzeitig geschehen kann und muß. Wenn die Kirche sich um die großen Nöte in Bangladesch kümmert, wo im Laufe des letzten Jahres 50 000 Kinder blind geworden sind wegen mangelnder Proteinnahrung, dann ist sie als Kirche, wenn sie es kann, gezwungen, mit den Mitteln der Nahrungsverteilung mitzuhelfen. Sie muß damit nicht zugleich das Evangelium in vielen kleinen Schriften mitverteilen. Aber sie muß wissen, daß sie damit nicht ganzheitlich hilft, sondern aktuell hilft mit dem, was sie jetzt kann. Ich glaube auch nicht, daß Diakonie ein Mittel zum Zweck werden darf, um Kirchenglieder zu bekommen. Dienst ist eine Frucht des Zeugnisses. Dienst ist aber auch eine Form des Zeugnisses. Eine Kirche, die den Dienst, obwohl sie ihn tun könnte, ablehnt, schwächt ihr Zeugnis. Und Diakonie ist eine Krise des Zeugnisses. Denn wo die Diakonie fehlt, ist das Zeugnis nicht in Ordnung. Denn bei Christus gilt nur der Glaube, der durch die Liebe energisch wird. Diakonie ist aber nicht ein Mittel zum Zeugnis.

Ich glaube aber nicht, daß die Eschatologie vergessen ist. Unter der Überschrift „In der Sonderschule Leiden" habe ich diese Linie deutlich ausgezeichnet: Gott recht lieben, Geduld bewahren, dankbar sein und die Hoffnung festhalten. Das kann nur die Hoffnung sein im eschatologischen Bezug. Aber die Frage von Herrn Krüger bezog sich ja auf die Leistung. Und hier ging es um das Problem der „Veränderung der Welt". Ich habe in meinem mündlichen Vortrag auf Karl Marx Bezug genommen, der es uns ja vorwirft, daß wir mit dem eschatologischen Bezug die Untätigkeit in diesem Leben fromm bemänteln und sagen: Im Jenseits wird das alles besser werden, was hier so furchtbar ist. Ich glaube, daß das nicht möglich ist. Denn Jesus hat ja immerhin auch Zeichen physischer Hilfe aufgerichtet. Er hat gezeigt: Das Reich Gottes, das da ist und das im Kommen ist, wird auch diese physischen Leiden verändern. Ich meine, daß die Partizipation an Christus uns verpflichtet, diesen Dienst auch nur zeichenhaft zu tun. Wir können die Welt nicht verändern, aber wir können ein paar Zeichen setzen, die vielleicht, wenn Gott will, durch seinen Hl. Geist sich multiplizieren.

Zur Frage von Präsident Wischmann würde ich sagen, daß mein Manuskript hier tatsächlich einer Ergänzung bedürfte. Auch der Protest gegen das Unrecht müßte noch eingefügt werden unter den Zeichen aktiver Geduld, die ich genannt habe. Gegen das nur denkbare Unrecht muß protestiert werden, weil es ja sonst den anderen treffen kann, wie es mich heute getroffen hat. Dieses würde ich hier ganz bewußt in meinem Manuskript einfügen.

Nikolaou: Ich will etwas zu dem sagen, was Präsident Schober „vorbeugend aktiv bleiben" genannt hat und was Präsident Wischmann in die Diskussion eingebracht hat. Das betrifft eine Art des Leidens, die heutzutage die wichtigste und umfangreichste zu sein scheint. Es geht um das politische Unrecht überall in der Welt, wo der Mensch von irgendwelchen Machthabern ins Leid getrieben wird. Da ist es besonders die Aufgabe der Kirchen und eines jeden Christen, vorbeugend aktiv zu bleiben oder sofort sich protestierend zu erheben. Hinterher nach Biafra Medikamente zu bringen ist sicher ein gutes Werk, aber vorher oder während des Geschehens drastisch zu protestieren ist viel wichtiger und kann vielleicht bessere und wichtigere Folgen haben als das Hinterher. Eine Wunde verhindern ist besser als eine Wunde heilen.

Bischof Augustinos: Wir setzen meistens falsch voraus, daß die Gesellschaft, in der wir leben oder über die wir sprechen, christlich ist. Wir übersehen damit meist die Nöte dieser Gesellschaft. Eminenz Irineos in Deutschland, in einem Bistum also, in dem die meisten Gläubigen Gastarbeiter sind, hat einmal gesagt: Wenn einer zu mir kommt und eine Not hat, kann ich nicht einfach zu ihm sagen: „Komm, wir werden zusammen einen Psalm singen", sondern ich werde ihm helfen. Wir Orthodoxe gerade lehren die „synergia", und ich wundere mich manchmal, wie empfindlich wir Orthodoxe sind, wenn über das Soziale gesprochen wird. Das Referat von Präsident Schober hat m. E. keine theologische Dimension ausgelassen. Außerdem sollte man auf etwas hinweisen, was m. E. von ungeheuerer Bedeutung ist. Es ist nämlich in der Vergangenheit sehr oft passiert, und wir müssen heute sehr oft dafür büßen, daß wir die Menschen etikettierten. Daß wir meinen, die Menschen in Kategorien einteilen zu können und dem einen dann helfen, dem anderen aber nicht. Bei dieser Gelegenheit sollte man, glaube ich, auch nicht versäumen, den Dank an Präsident Schober und seine Mitarbeiter auszusprechen, was er für die griechischen orthodoxen Arbeitnehmer tut. Denn wenn man z. B. auch über dieses Problem Bescheid weiß, etwa über das Problem der Ausbildung der Kinder und viele andere Probleme, da gibt man Präsident Schober recht, wenn er mit dieser Leidenschaft so über dieses Thema spricht, wie er gerade gesprochen hat.

Perlitt: Ich möchte etwas Kritisches zu den letzten Gesprächsbeiträgen sagen. Mir fiel in dem Referat von Präsident Schober ein Ausdruck auf, der in Deutschland und nicht zuletzt durch den Marxismus eine Tradition und Geläufigkeit hat. Er sagte, wir dürften nicht flüchten in billige Vertröstungen. Und er hat das später im Gespräch noch einmal verdeutlicht durch den Ausdruck, es gäbe Eschatologie auch als ein Feigenblatt. Nun muß man aber, wenn man vom Leiden spricht, auch den Aspekt bedenken, den Metropolit Emilianos eingebracht hat, wenn er von dem tragischen Aspekt des Leidens sprach und damit wohl meinte: ein unaufhebbares, auch durch Diakonie unaufhebbares körperliches, aber auch durchgängig unaufhebbares geistiges Leiden bei vielen Menschen. Mir ist das, was ich hier entgegensetzen möchte, zu einem großen Problem geworden durch den täglichen Umgang mit unseren protestantischen Studenten, die sehr stark in dieser marxistischen Tradition stehen und sich von daher sehr laut und wendig zu äußern wissen zu den Leiden, die man durch Aktivität aufheben kann. Einige wenige von ihnen betätigen sich sogar an solcher Aktivität. Aber viele von ihnen und sogar viele von uns sind in unserer Zeit stumm geworden angesichts des unaufhebbaren Leidens, stumm also vor Kranken und vor Sterbenden. Und wahrscheinlich gibt es doch mehr Situationen, als wir es wahrhaben wollen, in denen man mit Menschen doch etwa einen Psalm müßte beten können. Ich habe den Eindruck, daß dies, im Raum des Protestantismus jedenfalls, zu den größten Schwächen vor allem der Jüngeren gehört, dies nicht mehr zu können. Wenn es also um den Aspekt der Eschatologie geht, um das Letzte, um das Ganze, um das Heil, dann habe ich nach dem Lauf unserer Gespräche den Eindruck, daß dieses Letzte und Ganze bei den Orthodoxen zu früh kommt, und in dieses Leben, in dem auch Schwäche und Tragik herrschen, hereingezogen wird, daß es aber in weiten Bereichen des neueren Protestantismus überhaupt nicht mehr gesehen wird, daß also Eschatologie dort nicht Feigenblatt, sondern verloren ist. Und es gibt eine große christliche Tradition, solange es Christen überhaupt gibt, daß Trost auf das Endheil nicht billig ist, sondern das Zentrum der Botschaft.

Metropolit Emilianos: Als Christen stimmen wir zu, daß Leiden und Schmerz die bittere Frucht des Sündenfalls ist. Unsere Ahnen waren im Paradies, sie hatten keine Erfahrung dessen, was Leid ist. Aber in der Christenheit, insbesondere in der patristischen Theologie, hat Leiden einen pädagogischen Charakter, und das bedeutet, daß sich die Christen nicht fatalistisch zum Leiden stellen sollen, sondern dynamisch, wie D. Schober in seinem Referat gesagt hat. Da wir zu konkretisieren suchen in unserer Diskussion, was Leiden ist und was der Beitrag des Menschen ist nach den Referaten von D. Schober und mir, würde ich gern zwei Phänomene des Leidens im Leben der heutigen Menschen unterstreichen, die nicht erwähnt wurden. Und ich spreche im Kontext der Situation unserer Gastarbeiter. Das erste Problem ist die Einsamkeit. Menschen, die ihr Herkunftsland verlassen haben, leben ohne Eltern, ohne ihr gewohntes Milieu und fühlen sich selbst einsam, am Rande, manchmal verachtet, anonym in einer Menge von Menschen anderer Herkunft, die ihr Heim, ihre Liebe, ihr Vergnügen haben, all das, was die Gesellschaft bietet. Einsamkeit schafft eine Menge von Problemen. Ich habe neulich ein ärztliches Gutachten gelesen, in dem die Auswirkungen der Einsamkeit auf den Charakter der Migranten gezeigt wurden. Das zweite Phänomen ist das Phänomen, nicht geliebt zu sein. Viele ausländische Arbeiter haben dieses Gefühl, das eine Menge von Komplexen schafft. Es ist zweierlei, zu lieben und geliebt zu werden. Von dem Augenblick an, wo ein Ausländer spürt, daß er nicht geliebt wird, versucht er Ersatzmittel für dieses Vakuum zu schaffen. Er versucht andere Idole oder andere Weisen der Liebe zu finden. Sie kennen all dies: Diskotheken, Bars, Kabaretts, die Bahnhöfe, auf denen Hunderte und Tausende von Gastarbeitern herumlungern, um irgend jemand zu finden, mit dem sie sprechen, Kommunikation haben können. Wenn wir dieses Problem als Christen vom pastoralen Gesichtspunkt aus betrachten und diesen Leuten zeigen, daß Einsamkeit einem christlichen Land widerspricht, und mehr Liebe zeigen, dann leisten wir einen großen Dienst.

Und das kann vielleicht eine Realisierung dessen sein, was wir hier theoretisch diskutieren.

Schober: Zu den Fragen von heute morgen habe ich eine Antwort versucht:

1. Stellt sich die Kirche durch konkretes Handeln den Herausforderungen der modernen Welt mit ihren neuen Formen von Leistungs- und Leidensdruck, dann begibt sie sich in eine in der Kirchengeschichte immer wiederkehrende zweifache Gefahr, die sie sehen und vermeiden muß:

a) Sofern sie über der materiellen Seite der Not die spirituelle Auszehrung des Menschen vergißt, ihm den Trost des Evangeliums verweigert und ihr Handeln so mißversteht oder mißverständlich macht, als könne es mehr sein als nur ein Zeichen des angebrochenen Gottesreiches, dessen Vollendung noch aussteht, bleibt sie der Welt und dem einzelnen Menschen das Christus*zeugnis* schuldig. Denn der Mensch lebt nicht vom Brot allein.

b) Sofern sie aber den Horizont eschatologischer Hoffnung einseitig so sehr beleuchtet, daß darüber der Alltag aktueller Nöte unbelichtet bleibt und das hier und heute Notwendige und Mögliche auf ein Jenseits verschoben wird, das sich hier nur im kultischen Gottesdienst ankündigt oder darstellt, dann bleibt sie der Welt und dem Einzelnen den *Christusdienst* schuldig, der — weil er immer den ganzen Menschen meint — auch seinen leiblichen Bereich ernst nimmt.

In jeder Kirche und in jeder Situation gilt es, die jeweilig aktuellere dieser beiden Gefahren schon im Trend zu erkennen, um dagegen unter dem Mandat Gottes mutig anzugehen.

Gerade weil die Christen wissen, daß es wirkliche Gerechtigkeit nur bei Gott gibt und daß die radikale Erneuerung der Verhältnisse seine Sache ist, wirken sie, wo es nur geht, dabei mit — zusammen mit vielen anderen Christen und Nichtchristen —, schon jetzt mehr Gerechtigkeit für alle und humanere Verhältnisse herbeizuführen.

2. Wo der Einzelne oder eine ganze Gruppe oder ein ganzes Volk vergewaltigt werden, ist die Kirche auf den Plan gerufen, den zu bezeugen, der will, daß allen Menschen geholfen werde und sie zur Erkenntnis der Wahrheit kommen. Eine Kirche, die untätig zusähe, wo Menschen Gewalt angetan wird, könnte das Zeugnis der viel tiefer reichenden Befreiung durch Christus nicht glaubwürdig verkünden.

Ob dieser Dienst der Kirche gegen die Gewalt durch gelebte Solidarität oder durch gewagte Diakonie oder durch innige Fürbitte zu geschehen hat, kann die Kirche nur jeweils am Ort im gehorsamen Achthaben auf Gottes Stimme und in der nüchternen Einschätzung ihrer Möglichkeiten entscheiden. Der Rat und die Erfahrung anderer Kirchen mögen dabei eine Hilfe darstellen, mehr aber vermögen Außenstehende dazu nicht zu tun. Dabei ist letztlich nicht ausschlaggebend, ob die Gewalt durch ein Regime oder durch eine Gruppe ausgeübt wird.

3. Wo sich politische Gruppen bilden, die gegen ein Regime arbeiten, weil es die Menschenwürde einzelner einschränkt und Gewalt vor Recht gehen läßt, wird die Kirche nur dann im Einzelfall und um der Menschen willen unterstützend mitwirken können, wenn ihr nachhaltiger Appell an die Regierenden, mehr Gerechtigkeit zu üben, auf Dauer ohne Erfolg bleibt. Ein solches riskantes Mitwirken von Christen in derartigen Gruppen darf nie politisch motiviert sein, sondern muß die Christusliebe transparent werden lassen. Dann müssen und dürfen freilich auch politische Konsequenzen in Kauf genommen werden. Denn die Kirche hat nicht ein politisches Herrschaftsregime zu unterstützen oder zu stürzen, sondern die Herrschaft Christi — und das ist das Reich der Liebe und der Versöhnung — zu signalisieren.

Heyer: Unter den Antworten, die der Christ auf das Leid zu geben hat, zählte Präsident Schober auch die Gesellschaftsveränderung auf. Damit ist ja ein Stichwort gegeben, das zuerst die Hand von Karl Marx mit kraxeliger Schrift auf ein Papier geschrieben hat. Ich möchte nicht in den Verdacht kommen, als wollte ich alle Veränderungen abblocken. Aber der Widerstand gegen die Veränderung muß eine gleiche christliche Dignität gewinnen. Eine Gesellschaft kann ja nicht auch ohne Stabilisatoren existieren. Die Familie hat sich in der Zeit der deutschen Katastrophe als Stabilisator gezeigt. Institutionelles Leben wird immer stabilisierend wirken. Die Kirche ist selbst, sofern sie Institution ist, in ihrer zugleich hierarchischen und synodalen Verfassung Fremdkörper innerhalb einer gerade in der Gesellschaftsverfassung sich in schneller Evolution befindlichen Gesellschaft und muß sich als solche auch stabilisierend behaupten. Es ist heute keine gesellschaftsverändernde Bewegung angeboten, die nicht einen ideologischen Kern hätte. Als solche hat sie immer auch einen blinden Fleck im Auge, die kommende Grausamkeit noch nicht mitzuentdecken, sondern sie sieht nur die kommende Perfektion. So stelle man sich doch auch einmal vor, wie diese nun konzipierte chancengleiche Gesellschaft jeden Akt der Qualifikationsprüfung wichtig macht. In jedem Examen macht man sein Schicksal; denn chancengleicher Start ist allen gegeben. War früher einer in einer stufigen Gesellschaft ein Bauer, einfach weil sein Vater ein Bauer war, war noch nicht ein Stempel in seine Seele eingedrückt, daß er die Leistungsprüfung nicht bestanden habe. Die kommende chancengleiche Gesellschaft wird in die Seelen von unzähligen Mitmenschen diesen Minderwertigkeitskomplex eindrücken. Denn man hat dann sein Schicksal in einer untergeordneten Gesellschaftsfunktion immer *eigenem* Versagen zuzuschreiben. Solchen blinden Fleck im Auge der Weltveränderer zu beheben ist zugleich eine Aufgabe, die uns gegeben ist.

Archimandrit Kyrill: Wir haben heute damit angefangen, daß wir an das Geheimnis des hl. Kreuzes herangingen. Dann haben wir weiter untersucht, wie die Kirche denen, die leiden, dienen und helfen könnte. Aber ich finde, daß es uns im ganzen nicht gelungen ist, eine Verbindung zwischen beidem herzustellen: dem Mysterium des Kreuzes einerseits und dem „Dienst" des Leidenden andererseits. Das ist das, was ich zu tun versuchen möchte. Ich denke, daß wir allein das Geheimnis des Kreuzes im Dienst am Leidenden leben können, wenn wir akzeptieren, dabei eine Ärgernis erweckende Haltung zu haben.

Es ist sehr leicht, bei St. Paulus die Worte vom Ärgernis des Kreuzes zu lesen. Aber es ist eine ganz andere Sache, diese Wahrheit zu leben, diese Wahrheit zu akzeptieren, indem man eine Ärgernis erweckende Haltung einnimmt. Wenn wir wirklich das Mysterium des Kreuzes leben und wenn wir wirklich handeln in bezug auf die Lehre und das Leben des Gekreuzigten, wird unsere Haltung Ärgernis erwecken — beim modernen Menschen, beim Menschen überhaupt und in der Gesellschaft als ganzer.

Die Welt ist der Schauplatz eines schrecklichen Streits gegen die Realität des Bösen. Wir können nur wirksam gegen das Böse kämpfen auf dem Weg des Kreuzes. Das ist nicht einfach durch Wohlstand. Ich glaube, daß Wohlstand tatsächlich gut ist und ganz christlich: Das Rote Kreuz ist eine christliche Institution. Aber ich denke, ein Christ muß viel weiter gehen als der Wohlstand. Wenn wir wirklich unser Kreuz aufnehmen wollen, können wir nicht bloß paternalistisch den Leidenden helfen. Wir müssen ihr Leiden teilen. Und es geschieht nur, wenn ein Mensch gekreuzigt ist, daß das Modell verstanden werden kann — und das bringt uns zurück zur Anthropologie, das uns durch den Auferstandenen Christus gegeben ist. Wir können nur verstehen, was der Mensch eigentlich sein sollte und was er empirisch ist, wenn wir selbst mit dem Leidenden mitgekreuzigt sind. Und davon sind wir sehr weit entfernt.

Anagnostopoulos: Ich möchte etwas dazu bemerken, wo vom „gekreuzigten Menschen" und der „gekreuzigten Kirche" die Rede ist. Heute haben wir unseren Gottesdienst in der Kirche mit dem Kreuz begonnen. Wir haben auch in den Referaten wieder vom Kreuz gehört. Aber es muß gesagt werden, daß nicht nur Einzelpersonen heute, sondern auch *Kirchen* ihr eigenes Kreuz tragen.

Nicht nur die Gesellschaft, auch die Kirche ist gekreuzigt. Sie hat den Problemen ins Auge zu sehen und zu den Menschen herabzukommen mit den Mitteln und der Unterstützung der Gesellschaft. Denn ohne diese Mittel ist es unmöglich, dem Leiden der Menschen zu begegnen.

Melia: Präsident Schober hat von der Möglichkeit der Gewalt gesprochen. Ich glaube, daß wir in keinem Falle, wie auch immer die Situation sei, als Kirche die Gewalt akzeptieren können und daß das Kreuz darin besteht, in keinem wie auch immer gearteten Fall Gewalt anzuwenden. Wenn Präsident

Schober von Gewalt spricht, dann vergißt er eine Sache: Das Kreuz ist vor allem die Zurückweisung der Gewalt. Wie auch immer die Situation sei, ist es das Zeichen der Liebe. Und das ist eine eschatologische Wahrheit [...] Für uns gibt es nichts anderes als das Kreuz. Und der, der daran in der modernen Welt erinnert hat, war kein Christ. Es war Gandhi. Er kannte das Christentum sehr gut, er war tief in seine Spiritualität eingedrungen. [...] Ich glaube, daß die Klarsicht auch in diesem Aspekt der Dinge besteht. Was bleibt als Waffe des Kreuzes? Ganz gewiß die Kritik. Gewiß ist sie ein Element des Kreuzes. Die Kritik gegen Gewalt, die in der Welt des Bestehenden und des Konsums institutionalisiert ist. Aber auch die Ermahnung, die Paränese, der Appell, das Zeugnis für das eine, das not ist. Der Appell, daß es eine andere Dimension gibt und eine andere Realität.

Metr. Emilianos: Wo wir das Problem des Leidens anvisieren, ist es unvermeidlich, eine Spannung ins Auge zu fassen. Welche Organisation auch immer damit zu tun hat, Leiden zu lindern, kann dieser Spannung nicht ausweichen. Es ist das, was man in der ökumenischen Sprache Horizontalismus und Vertikalismus nennt. Zum Beispiel können wir die Prioritäten der Menschen in Bangladesch oder Biafra oder in einem afrikanischen Land nicht kennen, weil wir in Genf leben oder in Deutschland. Wir können nicht Situationen beurteilen, die in weiter Entfernung von uns sind und in die wir nicht direkt einbezogen sind. Auf der anderen Seite gibt es eine Tendenz in der westlichen Gesellschaft, in der Wohlstandsgesellschaft, eine Art von irdischem Paradies zu errichten, eine Art Neomessianismus, und das Evangelium so zu interpretieren, als zielte es nur darauf ab, das Leiden der Menschheit zu reduzieren. Deshalb erinnert die Bibel immer, wenn sie von dieser Spannung spricht, daran, daß unser Jerusalem nicht hier ist, sondern im Himmel. Ich meine, es besteht immer eine Spannung, wenn wir unsere Verantwortung den anderen, der Gesellschaft gegenüber, damit aussöhnen wollen, daß wir unserer Sendung und unserer Identität gegenüber treu sind.

Schober: Ich bin für die Beiträge sehr dankbar. Wir haben uns ja alle nicht gedacht, daß wir in diesen wenigen Stunden die schweren Geheimnisse des Leidens bis ins Letzte klären können. Sehr wesentlich erschien mir der Beitrag, wo von der Partizipation am Kreuz die Rede war. Mir ist hier eine Begegnung eingefallen, die ich einmal in Mitteljapan hatte, wo ich im Gebirge auf einen jungen Pfarrer stieß, der ein wissenschaftlich hervorragender Theologe war. Er hat sich dorthin zurückgezogen, um in einem Mafia-Gebiet, wo durch kommunistische Banden das Vertrauen völlig zerstört war, eine kleine Zelle des Vertrauens zu schaffen, indem er das Angebot machte, mit seiner diplomierten Frau eine Art Kindergarten anzubieten. In einem langen Gespräch mit ihm über einen Dolmetscher, sagte er mir einen Satz, der in der Übersetzung etwa so lautete: Ich will hier nur die Dummheit Jesu leben. Dies meine ich, war das, was Sie in Ihrem Beispiel sagen wollten. Und wir sind uns, wenn wir noch so große Aktionen planen, dessen bewußt: Wenn nicht Menschen dabei sind, die zu solcher Bereitschaft ansetzen, helfen unsere großen Millionenbeträge nur wenig.

Was das schwierige Gebiet der Gewaltanwendung und der Beteiligung an Gewalt betrifft, möchte ich Sie bitten, daß Sie sich noch einmal meinen Text anschauen. Ich habe mich bemüht, differenziert zu reden und nicht allgemein. Ich habe auch nicht von der Beteiligung von Kirchen an gewalttätigen Gruppen gesprochen, sondern von der Beteiligung von einzelnen Christen. Ich habe ganz bewußt Einzelfälle skizziert und damit bestimmte Bedingungen verbunden. Die Evangelische Kirche in Deutschland hat ja im Weltrat der Kirchen eine Sonderstellung eingenommen, indem sie sich nicht bereit erklärt hat, kirchliche Mittel für gewalttätige Gruppen zu geben. Aber wir haben auch den Kirchenkampf, von dem heute schon die Rede war, hinter uns, wo einzelne Christen glaubten, gegen Hitler gewaltsam auftreten zu müssen, um dieses Unglück abzuwenden. Hier kann, glaube ich, nie einer über den anderen richten, sondern jeder nur sich selbst fragen, wie er hic et nunc, wenn die Stunde gekommen ist, in Gehorsam unter dem Wort Gottes und im Wissen um die Vergebung das Zeugnis der Liebe richtig ablegen kann.